Stefan Stelzhammer

Schattenseiten der Versicherungen
- Täuschung im Gerichtssaal

ISBN: 9798338323106

INHALT

Vorwort

Als Mediator habe ich mich auf die Vermittlung von Konflikten spezialisiert. Mein Ziel ist es, eine Win-Win-Situation für alle Beteiligten zu schaffen und langfristige Lösungen zu finden.

In meiner Arbeit als Mediator setze ich auf Empathie und Verständnis für beide Seiten. Ich höre aktiv zu und versuche, die Bedürfnisse aller Parteien herauszufinden. Dabei achte ich darauf, dass jeder seine Perspektive darlegen kann und sich gehört fühlt.

Durch gezielte Fragen bringe ich Klarheit in den Konfliktverlauf und erarbeite gemeinsam mit den Beteiligten mögliche Lösungsansätze. Hierbei lege ich großen Wert darauf, dass diese realistisch umsetzbar sind.

Meine Erfahrung zeigt mir immer wieder: Eine erfolgreiche Konfliktlösung basiert auf einer offenen Kommunikation sowie dem Willen beider Seiten zur Zusammenarbeit.

Da ich, neben meiner Tätigkeit als Mediator auch fertigausgebildeter und erfahrener Versicherungs- und Vermögensberater bin, kann ich Ihnen in jeder Lebenslage unterstützend zur Seite stehen.

Als neutraler Dritter stehe ich Ihnen somit gerne und überall zur Seite - kontaktieren Sie mich einfach!

Buchwidmung

Dieser Band ist all denjenigen gewidmet, die durch fremdverschulden Unrecht erlitten und mit schweren Verletzungen leben müssen. Insbesondere gilt diese Widmung der Person, die in Oberösterreich Opfer eines Unfalls wurde und sich nun den Herausforderungen und Schattenseiten der regionalen Haftpflichtversicherung stellen muss.

Möge der Mut und die Entschlossenheit, die Sie in dieser schwierigen Zeit zeigen, Sie auf Ihrem Weg zur Gerechtigkeit begleiten. Ihr Kampf setzt ein Zeichen für alle, die in ähnlichen Situationen verharren, und erinnert uns daran, dass die Suche nach Wahrheit und Fairness niemals enden sollte.

Ihr unermüdlicher Wille zur Gerechtigkeit ist eine Inspiration für uns alle.

Brief an den Leser

Liebe Leserinnen und Leser,

ich freue mich, Ihnen mein neuestes Buch "Schattenseiten der Versicherungen - Täuschung im Gerichtssaal" vorstellen zu dürfen. In diesem Brief möchte ich Ihnen einen Einblick in die Inhalte und Ziele des Buches geben.

Ziel dieses Werkes ist es, die komplexen Mechanismen aufzudecken, die häufig hinter der Schadenabwicklung und deren rechtlichen Auseinandersetzungen stehen.

In diesem Buch analysiere ich verschiedene Methoden, die innerhalb der Versicherungsbranche beim Gerichtsprozess vorkommen.

Des Weiteren werde ich die Auswirkungen dieser Täuschungen auf Geschädigte sowie die Herausforderungen für die Justiz darstellen. Durch praxisnahe Beispiele und tiefgehende Analysen sollen Sie in die Lage versetzt werden, informierte Entscheidungen zu treffen und zu verstehen, wie man sich im Dschungel der Versicherungsstreitigkeiten zurechtfindet.

Ich hoffe, dass Sie von meinem Buch profitieren und ich Ihnen bei der erfolgreichen Durchsetzung Ihrer Ansprüche gegen die Versicherung behilflich sein kann.

Viel Spaß beim Lesen!

Ihr Stefan Stelzhammer

Einleitung

In der komplexen Welt der Versicherungen sind Vertrauen und Sicherheit zentrale Aspekte. Doch hinter der Fassade des verlässlichen Partners verbergen sich oft strategische Täuschungen und unlautere Praktiken, die im Zuge von Rechtsstreitigkeiten ans Licht kommen. Dieses Buch, „Schattenseiten der Versicherungen - Täuschung im Gerichtssaal", eröffnen einen tiefen Einblick in die Mechanismen, die häufig in der Versicherungsbranche zur Anwendung kommen.

Zielsetzung dieses Buches ist es, die unterschiedlichen Facetten der Tricks und Taktiken aufzuzeigen, die Versicherungen einsetzen, um rechtliche Ansprüche zu minimieren oder abzulehnen. Anhand von realen Fallbeispielen und fundierten Analysen werden die Leser in die Lage versetzt, sowohl die Herausforderungen als auch die Potenziale des rechtlichen Umgangs mit Versicherungen besser zu verstehen.

Das Buch richtet sich an Geschädigte sowie an alle Personen, die sich in einem Verfahren mit der Versicherung befinden und an den teils unangenehmen Aspekten der Versicherungswelt konfrontiert sind.

In einer Zeit, in der Fragen der Rechtmäßigkeit und Transparenz von Unternehmen immer dringlicher werden, ist es unerlässlich, sich mit den Methoden der Branche vertraut zu machen.

Lassen Sie uns gemeinsam die Vorhänge zu lüften und die Systeme der Täuschung zu enthüllen, die vor Gericht zum Einsatz kommen.

Der Verfahrensablauf

Bei einem Schaden nach einem Unfall droht ein langer und kostspieliger Prozess, welcher mit der Versicherung geführt wird.

Unfälle geschehen häufig und unvorhersehbar. Ein Moment der Unachtsamkeit kann schwerwiegende Folgen nach sich ziehen, die nicht nur unmittelbare Schäden verursachen, sondern auch langfristige gesundheitliche Beeinträchtigungen mit sich bringen. In solchen Fällen wird oft ein umfassender und komplexer Prozess in Gang gesetzt, der sowohl rechtliche als auch versicherungstechnische Aspekte umfasst.

Sobald ein Unfall gemeldet wird, folgt in der Regel die Schadensmeldung bei der zuständigen Versicherung. Doch entgegen der Erwartungen vieler Geschädigter kann dies der Beginn eines langwierigen Prozesses sein.

Zunächst äußert die Versicherung möglicherweise eine Ablehnung des Schadenanspruchs. Diese Ablehnung kann verschiedene Gründe haben, sei es aufgrund von fehlenden Nachweisen oder divergierenden Auffassungen über den Unfallhergang.

Um dieser Entscheidung entgegenzuwirken, ist es ratsam, die Versicherung zu urgieren und spezifische Informationen zu den Gründen der Ablehnung einzufordern. Oftmals führt dies jedoch zu einer erneuten Ablehnung, was die Notwendigkeit einer Klageerhebung zur Folge hat. Der rechtliche Weg beginnt: Die Einbringung der Klage stellt den nächsten Schritt dar.

Im weiteren Verlauf folgt in der Regel die erste Tagsatzung, bei der alle Parteien zu Wort kommen. Es kann zudem zu einer Ortsbesichtigung kommen, bei der Beweise und Argumente vor Ort geprüft werden. Ein Protokoll dieser Besichtigung wird erstellt, das als wichtiges Dokument im weiteren Verlauf dient.

Nach der Entscheidung des Gerichts erhalten die Parteien das Urteil. Gezielt kann die Gegenseite, in diesem Fall oft die Versicherung, Berufung gegen das Urteil einlegen. Dies führt häufig zu einem weiteren Verfahren, in welchem das Oberlandesgericht die Angelegenheit prüft und das Urteil des Erstgerichtes bestätigt, bzw. Teilweise aufhebt und neu Verhandeln lässt.

In vielen Fällen ist es erforderlich, dass Gutachten in Auftrag gegeben werden. Dies kann sowohl orthopädische als auch psychiatrische Gutachten umfassen, die die Dauerfolgen des Unfalls beleuchten sollen. Darüber hinaus kann auch ein betriebswirtschaftliches Gutachten erforderlich sein, um etwaige Einkommensausfälle zu bewerten.

Die Erörterung der Gutachten ist ein entscheidender Prozessschritt. Sowohl das psychiatrische als auch das orthopädische Gutachten müssen in detaillierten Anhörungen zur Sprache kommen. Hierbei werden die Ergebnisse und deren Relevanz für den Schadensfall umfassend diskutiert.

Nach Durchführung aller Erörterungen erfolgt ein weiteres Urteil, das den endgültigen Ausgang des Verfahrens festlegt. Es besteht allerdings die Möglichkeit einer weiteren Berufung, etwa beim Obersten Gerichtshof (OGH).

In vielen Fällen versuchen die Beteiligten, durch verschiedene Verfahren und Anträge die Dauer des Verfahrens zu verlängern, was zusätzliche Kosten und belastende Wartezeiten für den Geschädigten zur Folge haben kann.

Zusammenfassend lässt sich festhalten, dass die Auseinandersetzung mit einer Versicherung nach einem Unfall ein langwieriger und oft kostspieliger Prozess ist. Geschädigte sollten sich auf mögliche Herausforderungen einstellen und im Vorfeld umfassende Informationen einholen, um ihre Ansprüche durchzusetzen. Eine rechtzeitige und professionelle Unterstützung durch Fachanwälte und Experten im Versicherungsrecht kann in einem solchen Fall entscheidend sein.

Schadenmeldung

Die richtige Vorgehensweise nach einem Unfall ist von entscheidender Bedeutung, um sowohl rechtliche als auch finanzielle Folgen zu minimieren. Die umgehende Meldung an die Versicherung und die Informierung der Polizei sind essenzielle Schritte, die helfen, die Situation transparent und geordnet zu bewältigen.

Vor allem bei Personenschäden ist die Sicherstellung von Beweisen entscheidend, um Missverständnisse und Konflikte in der Schadensregulierung zu vermeiden. Indem man gut vorbereitet ist und die richtigen Abläufe beachtet, kann der Prozess der Schadensregulierung erheblich erleichtert werden.

Ein Verkehrsunfall kann sowohl physischen als auch psychischen Stress verursachen. Trotz der schwierigen Umstände ist es entscheidend, die richtigen Schritte einzuleiten, um die Situation effizient zu bewältigen. Dies beginnt mit der unverzüglichen Meldung des Unfalls an die eigene Versicherung.

Unfallmeldung bei der Versicherung

Sobald ein Unfall passiert ist, sollte der betroffene Verkehrsteilnehmer umgehend seine Versicherung informieren. Die schnelle Meldung ist nicht nur eine vertragliche Verpflichtung, sondern sorgt auch dafür, dass der Schadensfall zeitnah bearbeitet werden kann.

Die Versicherung wird daraufhin eine Schadennummer anlegen, die für alle weiteren Schritte in der Schadensregulierung von Bedeutung ist. Diese Schadennummer dient als Referenz und erleichtert die Kommunikation zwischen dem Versicherungsnehmer und der Versicherung.

Informierung der Polizei

Insbesondere bei Unfällen, die Personenschäden zur Folge haben, ist es unerlässlich, die Polizei zu verständigen. Die Polizeiarbeit spielt eine entscheidende Rolle in der Beweissicherung. Die Beamten dokumentieren den Unfallort, erfassen Zeugenaussagen und erstellen einen offiziellen Unfallbericht, der für die spätere Regulierung entscheidend sein kann. Diese Dokumentation ist besonders wichtig, wenn es zu Streitigkeiten über den Unfallhergang kommt.

Wichtig ist, dass Sie unbedingt eine Aktenabschrift von der Polizei und der Staatsanwaltschaft anfordern, um in Erfahrung zu bringen, was der Unfallgegner ausgesagt hat. Diese Informationen sind entscheidend, da sie Ihnen helfen, Ihre eigene Position zu untermauern und die Argumentation gegenüber der Versicherung zu stärken. Beachten Sie, dass die Versicherung in ihrem Schreiben häufig mitteilen wird, dass sie das weitere Verfahren abwarten möchte, bevor sie eine Entscheidung trifft. Eine frühzeitige Einsichtnahme in die ermittelten Fakten kann Ihnen jedoch ermöglichen, proaktiv auf die Situation zu reagieren und sicherzustellen, dass Ihre Ansprüche nicht länger als nötig vernachlässigt werden.

Beweissicherung und Dokumentation

Zusätzlich zur polizeilichen Dokumentation sollte der Unfallteilnehmer eigene Notizen machen. Dazu zählen Fotos vom Unfallort, den beteiligten Fahrzeugen sowie gegebenenfalls von sichtbaren Verletzungen oder Schäden. Eine detaillierte Beschreibung der Ereignisse, einschließlich Datum und Uhrzeit, kann ebenfalls von Vorteil sein.

nach der Unfallmeldung

Nach der Meldung des Unfalls bei der Versicherung und der Verständigung der Polizei beginnt der regulative Prozess. Die Versicherung wird alle relevanten Informationen prüfen, um den Anspruch des Geschädigten zu bewerten. Es ist wichtig, alle erforderlichen Unterlagen zeitnah bereitzustellen, um Verzögerungen im Bearbeitungsprozess zu vermeiden.

Ablehnung durch Versicherung

In der Versicherungsbranche ist es kein seltenes Phänomen, dass Schadensmeldungen ohne sorgfältige Prüfung der Sachlage abgelehnt werden. Oft nutzen Versicherungen diese Vorgehensweise, um Kosten zu sparen und sich von Anspruchstellern abzuwenden. Ein solches Verhalten kann frustrierend und entmutigend sein, doch es ist wichtig, sich davon nicht beirren zu lassen.

Vorbeugende Ablehnung

Immer wieder kommt es vor, dass Versicherungen Schäden ohne umfassende Untersuchung der Fakten abweisen. Dies geschieht oftmals in der Hoffnung, dass der Versicherungsnehmer sich mit dieser Ablehnung zufriedengibt und keinen weiteren Widerspruch einlegt. Ziel dieser Taktik ist es, den Eindruck zu erwecken, dass kein Anspruch auf Entschädigung besteht, was in vielen Fällen nicht der Realität entspricht.

Recht auf Anspruch

Falls Ihre Schadenmeldung abgelehnt wird, ist es entscheidend, Ruhe zu bewahren und nicht sofort aufzugeben. Die Ablehnung basiert häufig auf vagen oder unbegründeten Argumentationen, die eine rechtliche Überprüfung nicht standhalten. Hier sind einige Schritte, die Sie in einem solchen Fall unternehmen sollten.

Dokumentation prüfen

Überprüfen Sie die ursprüngliche Schadensmeldung sowie die Begründung der Ablehnung sorgfältig. Notieren Sie alle Punkte, die Ihrer Meinung nach nicht zutreffen oder unzureichend erklärt sind. In diesem Zusammenhang kann es sinnvoll sein, den Rat und die Einschätzung von Experten im Bereich des Versicherungsrechts einzuholen. Fachleute auf diesem Gebiet besitzen das nötige Wissen, um die spezifischen Aspekte Ihres Falls zu bewerten und Ihnen zu helfen, etwaige Unklarheiten in der Ablehnung zu identifizieren. Ihre Expertise kann wertvolle Hinweise darauf geben, wie Sie argumentieren sollten, um die Versicherung von der Berechtigung Ihres Anspruchs zu überzeugen. Dies stärkt nicht nur Ihre Position, sondern erhöht auch die Chancen, dass Ihr Einspruch erfolgreich ist.

Einspruch einlegen

Ein formeller Einspruch gegen die Schadensablehnung ist oftmals der nächste Schritt. Stellen Sie sicher, dass Sie Ihrem Versicherungsträger klar darlegen, warum Sie der Meinung sind, dass der Anspruch rechtens ist. Unterstützen Sie Ihr Anliegen mit allen relevanten Dokumenten, Zeugenberichten und Fotos. Es ist hierbei von Vorteil, wenn bereits ein Rechtsgutachten vorhanden ist oder entsprechende Einschätzungen vorliegen, auf die verwiesen werden kann. Ein solches Gutachten untermauert Ihre Argumentation und zeigt die Rechtmäßigkeit Ihrer Ansprüche auf. Es kann Ihnen helfen, die Position der Versicherung zu widerlegen und Ihre Fallchancen zu erhöhen. Bereiten Sie alle relevanten Informationen sorgfältig vor, um eine fundierte Grundlage für Ihren Einspruch zu schaffen.

Rechtliche Beratung in Anspruch nehmen

In einigen Fällen kann es ratsam sein, einen Anwalt für Versicherungsrecht zu konsultieren. Dieser kann Ihnen helfen, Ihre Ansprüche zu bewerten und gegebenenfalls rechtliche Schritte einzuleiten. Es ist jedoch nicht nur sinnvoll, einen Anwalt mit der Vertretung Ihrer Interessen zu beauftragen; auch die Einholung eines entsprechenden Rechtsgutachtens kann von Vorteil sein. Ein solches Gutachten bietet eine fundierte rechtliche Einschätzung Ihres Falls und kann entscheidend dazu beitragen, Ihre Position gegenüber der Versicherung zu stärken. Es unterstützt die Argumentation im späteren Verlauf des Verfahrens und kann als wertvolles Beweismittel dienen, um Ihre Ansprüche durchzusetzen. Daher sollte sowohl die rechtliche Vertretung als auch die fachliche Analyse des Sachverhalts in Betracht gezogen werden, um die Erfolgsaussichten Ihres Anliegens zu maximieren.

Reputation der Versicherung prüfen

Informieren Sie sich über die Praktiken Ihrer Versicherung. Wenn diese oft Schadensmeldungen ablehnt, könnte dies ein Anzeichen für ein systematisches Problem sein. Es ist wichtig zu beachten, dass im Internet selten oder kaum negative Bewertungen über Versicherungen zu finden sind. Viele Unternehmen beschäftigen Fachkräfte, die darauf spezialisiert sind, negative Kritik zu entfernen oder deren Sichtbarkeit zu minimieren.

Daher sollte die Reputation der Versicherung gründlich geprüft werden, indem auch unabhängig von offiziellen Plattformen nach Erfahrungen und Meinungen gesucht wird. Nutzen Sie Foren, Bewertungsportale und soziale Medien, um ein umfassenderes Bild der Kundenmeinungen zu erhalten. Dies kann Ihnen wertvolle Einblicke in die tatsächlichen Praktiken und den Kundenservice Ihrer Versicherung bieten.

Verbraucherschutzorganisationen

Modelle wie die Verbraucherzentrale können Ihnen wertvolle Informationen und Unterstützung bieten. Dort erhalten Sie auch Kontakt zu Fachleuten, die Erfahrung mit derartigen Fällen haben.

Zusammenfassend lässt sich sagen, dass die Ablehnung eines Schadens durch die Versicherung ohne angemessene Prüfung der Sachlage ist ein ernstes Problem, das viele Versicherungsnehmer betrifft.

Lassen Sie sich davon jedoch nicht beirren. Verfolgen Sie Ihre Ansprüche mit Entschlossenheit, indem Sie dokumentierte Schritte unternehmen, Einspruch einlegen und gegebenenfalls rechtlichen Rat einholen. Letztlich haben die Versicherten das Recht auf eine faire und transparente Schadensbearbeitung. Dank eines zielgerichteten Vorgehens können Sie möglicherweise doch noch Ihr Recht auf Entschädigung durchsetzen.

Widerspruch gegen die Ablehnung

Die Ablehnung eines Schadenanspruchs durch die Versicherung kann für viele Versicherungsnehmer eine frustrierende Erfahrung sein. Haften Sie (die Versicherung) jedoch für den Schaden, ist es wichtig, proaktiv zu reagieren und den Sachverhalt erneut klarzustellen.

Oftmals agieren Versicherungen während des Ablehnungsprozesses kurz und knapp und geben kaum nähere Informationen zu den Gründen ihrer Entscheidung preis. Dieses Verhalten ist häufig gezielt darauf ausgelegt, Ansprüche zu minimieren oder abzulehnen.

Mit den kurzen und knappen Antworten lässt sich der Versicherung nicht in die Karten schauen, und viele Versicherungsnehmer glauben weiterhin an einen fairen Prozess.

Selbst wenn wir dann noch einmal nachfragen würden, wäre die Antwort lediglich ein Verweis auf unser letztes Schreiben, ohne substantielle neue Informationen zu liefern. Diese Intransparenz kann die Situation für die Betroffenen zusätzlich erschweren und den Eindruck erwecken, dass die Versicherung nicht wirklich an einer fairen Lösung interessiert ist.

Daher ist es entscheidend, alle relevanten Dokumente und Argumente zusammenzutragen und gegebenenfalls rechtliche Unterstützung in Anspruch zu nehmen, um die Chance auf eine gerechte Bearbeitung des Antrags zu erhöhen.

Klarstellung des Sachverhalts

Nachdem Ihre Schadensmeldung abgelehnt wurde, ist der erste Schritt, den Sachverhalt nochmals präzise darzulegen. Nehmen Sie sich die Zeit, um alle relevanten Informationen und Details zu sammeln. Dokumentieren Sie alle Aspekte des Vorfalls, die Ihren Standpunkt unterstützen, und verweisen Sie auf alle vorhandenen Beweise, wie Fotos, Zeugenaussagen oder Gutachten.

Eine gute Möglichkeit, Ordnung in die laufend wachsenden Unterlagen zu bringen, besteht darin, ständig den Überblick zu behalten. Legen Sie einen eigenen Ordner an, in dem Sie alle Urteile, Beschlüsse, Arztbriefe und Gutachten aufbewahren. Ergänzen Sie diesen Ordner auch mit Zeitungsartikeln, anderen Urteilen und sämtlichen nützlichen Informationen, die Ihnen in Ihrem Fall weiterhelfen könnten. Ein strukturierter Überblick über alle relevanten Dokumente ermöglicht es Ihnen, schnell auf wichtige Informationen zuzugreifen und Ihre Argumentation gezielt zu untermauern. Indem Sie alle Unterlagen systematisch sammeln und ablegen, sind Sie besser vorbereitet, um Ihre Position gegenüber der Versicherung klar und überzeugend zu vertreten.

In Ihrem Widerspruchsschreiben sollten Sie:

Vorfall detailliert beschreiben

Schildern Sie den Ablauf des Ereignisses und heben Sie dabei alle Faktoren hervor, die die Haftung der Versicherung untermauern.

Bereits vorliegende Dokumente erwähnen

Verweisen Sie auf die Ihnen vorliegenden Unterlagen, die Ihren Anspruch belegen, und machen Sie deutlich, dass diese der Versicherung zur Verfügung stehen.

Verweis auf Haftung der Versicherung

Stellen Sie klar, dass gemäß den Bedingungen Ihres Versicherungsvertrages die Versicherung für den Schaden aufkommen muss. Dies kann Ansprüche auf Entschädigung aufgrund von Sachschäden oder Personenschäden umfassen.

Dabei ist es wichtig, die spezifischen Regelungen des Eisenbahn- und Kraftfahrzeughaftplichtgesetzes (EKHG) zu berücksichtigen, da diese relevante Aspekte der Haftung und der Entschädigung im Zusammenhang mit dem Betrieb von Eisenbahnen und Kraftfahrzeugen festlegen.

Das EKHG regelt insbesondere die verschuldensunabhängige Haftung der Betreiber solcher Verkehrsmittel, wodurch Geschädigte auch dann Ansprüche geltend machen können, wenn kein Verschulden seitens des Betreibers nachgewiesen werden kann.

In Ihrem Fall könnte dies bedeuten, dass die Versicherung verpflichtet ist, die Kosten für Schäden zu übernehmen, die durch den Betrieb des entsprechenden Verkehrsmittels entstanden sind, unabhängig davon, ob der Betreiber verantwortlich oder schuldhaft gehandelt hat.

Es ist ratsam, alle erforderlichen Dokumente und Nachweise zusammenzustellen, um Ihre Ansprüche geltend zu machen und die Versicherung auf die geltenden gesetzlichen Bestimmungen und Verpflichtungen hinzuweisen. So können Sie sicherstellen, dass Ihre Entschädigungsansprüche gemäß den Richtlinien und Vorgaben des EKHG wirkungsvoll durchgesetzt werden.

Haftung gemäß EKHG

Die Haftung gemäß dem Eisenbahn- und Kraftfahrzeughaftpflichtgesetz (EKHG) bezieht sich auf die gesetzliche Regelung der Haftung von Verkehrsunternehmen im Bereich der Eisenbahn- und Kraftfahrzeugbetrieb. Dieses Gesetz regelt spezifische Haftungsfragen, die im Zusammenhang mit dem Betrieb von Eisenbahnen und Kraftfahrzeugen auftreten können. Es soll sicherstellen, dass geschädigte Dritte im Falle von Unfällen oder Schäden angemessen entschädigt werden.

Verschuldensunabhängige Haftung

Die verschuldensunabhängige Haftung ist ein juristischer Begriff, der in verschiedenen Rechtsgebieten Anwendung findet und sich auf die Haftung einer Person oder eines Unternehmens bezieht, unabhängig davon, ob ein Verschulden vorliegt oder nicht. Dies bedeutet, dass ein Geschädigter Ansprüche auf Schadensersatz geltend machen kann, ohne nachweisen zu müssen, dass der Schädiger einen Fehler begangen hat oder fahrlässig gehandelt hat. Diese Form der Haftung wird häufig in Bereichen wie dem Verkehrswesen, dem Produkthaftungsrecht sowie in der Haftung von Verkehrsunternehmen verwendet.

Ein zentrales Ziel der verschuldensunabhängigen Haftung ist es, den Schutz der Geschädigten zu gewährleisten und deren Zugang zu Schadensersatz zu erleichtern.

Im Gegensatz zur klassischen Haftung, die auf Verschulden basiert und somit die Beweislast auf den Geschädigten legt, tritt hier der Schutz des Opfers in den Vordergrund. Dies trägt dazu bei, dass Geschädigte schneller und unkomplizierter entschädigt werden können.

Ein häufiges Beispiel für verschuldensunabhängige Haftung findet sich im Straßenverkehr. Die Kfz-Halter sind verpflichtet, eine Haftpflichtversicherung abzuschließen, die für Schäden, die durch den Betrieb des Fahrzeugs entstehen, aufkommt.

Wenn ein Autofahrer beispielsweise einen Fußgänger anrempelt und dieser dabei verletzt wird, hat der Fußgänger das Recht, Schadensersatzansprüche gegen den Halter des Fahrzeugs geltend zu machen, selbst wenn der Fahrer nachweisen kann, dass er keine Fehler gemacht hat oder sogar die Verkehrsvorschriften eingehalten hat.

In diesem Fall müsste der Geschädigte dem Halter kein Verschulden nachweisen; die Versicherung des Halters ersetzt die Schäden, die durch den Betrieb des Fahrzeugs verursacht wurden.

Zusammenfassend lässt sich sagen, dass die verschuldensunabhängige Haftung ein wichtiges Instrument zum Schutz von Geschädigten darstellt. Sie trägt dazu bei, die Rechte von Opfern zu stärken und eine schnellere und gerechtere Entschädigung zu gewährleisten.

eigenen Standpunkt unterstreichen

Es ist entscheidend, dass Sie Ihren Standpunkt im Widerspruch klar und nachdrücklich mitteilen. Verwenden Sie eine sachliche Sprache und belegen Sie Ihre Argumente mit Fakten. Vermeiden Sie emotionale oder aggressive Formulierungen; stattdessen sollten Sie sich auf den rechtlichen Anspruch stützen, den Sie gegenüber der Versicherung haben.

Sie könnten möglicherweise auch auf die gesetzliche oder vertragliche Grundlage verweisen, die Ihren Anspruch stützt. Dies zeigt der Versicherung, dass Sie informiert sind und die rechtlichen Rahmenbedingungen kennen.

Herausforderungen in der Kommunikation

Ein häufiges Problem in der Kommunikation mit Versicherungen ist, dass diese tendenziell nicht bereit sind, umfassend zu antworten oder sich offen mit Ihren Anliegen auseinanderzusetzen.

Stattdessen wird häufig eine kurze, unzureichende Begründung für die Ablehnung geliefert, die wenig zur Aufklärung beiträgt. Lassen Sie sich hiervon nicht entmutigen. Ihr Ziel ist es, die Versicherung zur Überprüfung ihrer Entscheidung zu bewegen.

Aussergerichtliche Klärung

Beauftragen Sie einen Mediator, um Unterstützung zu erhalten und einen Vergleich mit der Versicherung zu finden. Wenn eine Versicherung Ihren Schadensanspruch ablehnt, ist es unerlässlich, den Sachverhalt klarzustellen und Ihren Standpunkt deutlich zu machen.

Dokumentieren Sie Ihre Argumente gründlich und beziehen Sie sich auf alle relevanten Informationen. Indem Sie die Haftung der Versicherung herausstellen und Ihren rechtlichen Anspruch untermauern, erhöhen Sie die Chancen auf eine erfolgreiche Überprüfung der Ablehnung. Gegebenenfalls kann es hilfreich sein, rechtlichen Rat einzuholen, um sicherzustellen, dass Ihre Ansprüche vollumfänglich vertreten werden.

Sehen Sie diese Herausforderung als eine Chance, Ihre Rechte als Versicherungsnehmer zu verteidigen und eine faire Beurteilung Ihres Schadens zu erreichen. Ein Mediator kann Ihnen helfen, eine konstruktive Gesprächsbasis mit der Versicherung zu schaffen und mögliche Missverständnisse auszuräumen. Durch die Unterstützung eines Mediators können die Verhandlungen effizienter gestaltet werden, sodass sowohl Ihre Interessen als auch die der Versicherung berücksichtig werden und möglicherweise zu einem akzeptablen Vergleich geführt wird.

Der Weg vor Gericht

Die Ablehnung eines Versicherungsschutzes kann für Versicherungsnehmer eine frustrierende und belastende Situation darstellen. Nachdem alle Versuche, eine Kommunikationsbasis mit der Versicherung herzustellen, gescheitert sind und auch ein Widerspruch gegen die Ablehnung nicht zum gewünschten Erfolg führt, kann sich die Notwendigkeit ergeben, rechtliche Schritte einzuleiten. In diesem Kontext bleibt oft nur der Weg, die Angelegenheit vor Gericht zu bringen.

Klageerhebung

Sollte die Versicherung weiterhin die Deckung abgelehnt haben und es nicht möglich gewesen sein, eine angemessene Gesprächsbasis aufzubauen, steht als nächster Schritt die Einbringung einer Klage im Raum. Dieser Prozess beginnt mit der formalen Klageerhebung, in der die Ansprüche konkretisiert und die zuständige Gerichtsbarkeit bestimmt werden müssen.

Feststellungsbegehren

Ein wichtiger Aspekt der Klageführung kann ein Feststellungsbegehren sein, insbesondere wenn es um die langfristigen und möglicherweise dauerhaften Folgen eines Unfalls geht. Der Unfall kann nicht nur unmittelbare Schäden, sondern auch spätere gesundheitliche und finanzielle Belastungen nach sich ziehen, die in der ursprünglichen Versicherungsdeckung möglicherweise nicht umfassend betrachtet wurden.

Ein Feststellungsbegehren hat die Zielsetzung, rechtlich zu klären, inwiefern die Versicherung für diese spätere Entwicklungen haften muss. Hierbei ist es wichtig, dass alle relevanten medizinischen Gutachten, Diagnosen und weitere Beweismittel, die die langfristigen Folgen des Unfalls belegen, in das Verfahren eingebracht werden.

Dokumentation und Beweissicherung

Die sorgfältige Dokumentation aller Beweise ist entscheidend. Sämtliche Unterlagen, die den Unfallhergang und die folgenden Auswirkungen belegen, sollten geordnet und systematisch zusammengestellt werden. Dies umfasst sowohl ärztliche Atteste als auch Gutachten, Rechnungen und eventuelle Zeugenaussagen. Je klarer und umfassender die Beweislage ist, desto höher sind die Chancen auf eine positive Entscheidung vor Gericht.

Juristische Unterstützung

Da der Prozess vor Gericht sowohl rechtlich als auch emotional herausfordernd sein kann, ist es ratsam, sich frühzeitig juristischen Beistand zu suchen. Ein Anwalt, der auf Versicherungsrecht spezialisiert ist, kann Ihnen wertvolle Unterstützung bieten, geeignete rechtliche Strategien entwickeln und sicherstellen, dass Ihre Ansprüche gründlich und kompetent vertreten werden.

Zusammenfassend kann gesagt werden, dass die Entscheidung, gegen eine Ablehnung der Versicherungsdeckung gerichtliche Schritte einzuleiten, ist oft der letzte Ausweg, wenn alle anderen Versuche nicht erfolgreich waren. Die Einbringung einer Klage, einschließlich eines Feststellungsbegehrens für die spät- und dauerhaften Folgen eines Unfalls, erfordert eine sorgfältige Vorbereitung und eine systematische Dokumentation aller relevanten Informationen.

Mit rechtlicher Unterstützung und einer klaren Argumentation können Sie Ihrem Anspruch auf Entschädigung Nachdruck verleihen und möglicherweise zu Ihrem Recht gelangen.

Feststellung des Anspruchs

Im Rahmen eines gerichtlichen Verfahrens ist es im ersten Schritt entscheidend, dass der Anspruch des Geschädigten dem Grunde nach festgestellt wird. In diesem Zusammenhang gilt es insbesondere, die Haftung für die spät- und dauerhaften Folgen eines Unfalls klar zu definieren. Wie jedoch in vielen Fällen zu beobachten ist, werden Versicherungen und deren Anwälte alles daransetzen, um jede Verantwortung für die Schadensfolgen abzulehnen.

Strategie Ablehnung und Ablenkung

Versicherungen sind oft gut darauf vorbereitet, potenzielle Ansprüche abzulehnen, indem sie versuchen, ein Mitverschulden des Geschädigten zu suggerieren oder auf andere Ursachen hinzuweisen, die das Ereignis herunterspielen oder gar die von der Versicherung auferlegte Haftung umgehen.

Dabei ist kein Argument zu absurd, um es nicht vorzubringen; diese Taktik dient nicht nur dazu, die Haftung zu minimieren, sondern auch psychischen Druck auf den Geschädigten auszuüben und zur Verunsicherung beizutragen.

Ein Beispiel dafür kann die Behauptung sein, dass der Geschädigte nicht ausreichend vorsorglich gehandelt habe oder dass unaufmerksames Verhalten während des Vorfalls zur Schädigung beigetragen habe.

Diese Versuche, Schuld umzulegen, sind oft Teil einer durchdachten Strategie, mit der die Versicherung Zeit gewinnen und den Geschädigten emotional destabilisieren möchte.

Widerstand leisten

Es ist von entscheidender Bedeutung, sich durch solche Taktiken nicht entmutigen zu lassen. Die Argumente der Gegenseite sind häufig darauf angelegt, Ihre Entschlossenheit in Frage zu stellen und Schwächen auszunutzen. Lassen Sie sich davon nicht einschüchtern! Stattdessen sollten Sie sich auf die Fakten konzentrieren und alle relevanten Beweise zusammenstellen, die Ihre Ansprüche untermauern.

Akteure auf Ihrer Seite

Ziehen Sie in Betracht, die Unterstützung eines erfahrenen Anwalts in Anspruch zu nehmen, der sich mit Versicherungsrecht auskennt. Ein professioneller Rechtsbeistand kann nicht nur Ihre Argumente stärken, sondern auch die Taktiken der Gegenseite durchschauen und entsprechend darauf reagieren.

Sorgfältige Dokumentation

Stellen Sie sicher, dass Sie alle Unterlagen und Dokumente, die Ihren Anspruch belegen, gesammelt haben. Dazu gehören medizinische Gutachten, Behandlungsunterlagen sowie jegliche Korrespondenz mit der Versicherung. Eine klare und nachvollziehbare Dokumentation ist entscheidend, um Ihren Standpunkt in einer möglichen Auseinandersetzung vor Gericht zu festigen.

Emotionale Stabilität

Halten Sie sich vor Augen, dass der Prozess Zeit in Anspruch nehmen kann und Rückschläge normal sind. Emotionale Stabilität und Durchhaltevermögen sind in dieser Phase von größter Bedeutung. Lassen Sie sich nicht von den invalide Argumenten der Gegenseite beeinflussen, sondern bleiben Sie fokussiert auf Ihr Ziel.

Die ersten Verhandlungen

Im ersten Schritt eines Gerichtsverfahrens geht es darum, den Anspruch dem Grunde nach festzustellen und die Haftung für spätere und dauerhafte Folgen eines Unfalls zu klären.

Das Vorgehen der Versicherung kann herausfordernd sein, insbesondere da sie versuchen wird, Schuld abzulehnen und den Geschädigten zu verunsichern. Lassen Sie sich von den Taktiken der Gegenseite nicht entmutigen. Stattdessen sollten Sie sich auf Ihre Beweise stützen, professionelle Unterstützung in Anspruch nehmen und Ihre Entschlossenheit bis zum Schluss aufrechterhalten.

Ein gut vorbereitetes Vorgehen ist der Schlüssel, um gerechtfertigte Ansprüche durchzusetzen und zu Ihrem Recht zu kommen.

Taktiken der Versicherung

Nachdem in einem gerichtlichen Verfahren festgestellt wurde, dass die Versicherung für den Unfall sowie alle damit verbundenen spät- und dauerhaften Folgen haftet, ist es nicht ungewöhnlich, dass die gegnerische Versicherung unmittelbar eine Berufung einlegt.

Diese Strategie ist weniger ein Zeichen der Überzeugung von der Unrechtmäßigkeit des Urteils als vielmehr ein Versuch, den Prozess zu verzögern und zusätzliche Kosten zu verursachen.

Taktiken der Verzögerung und Ablenkung

Die gegnerische Versicherung wird in dieser Phase versuchen, alle zur Verfügung stehenden Mittel zu nutzen, um das Verfahren hinauszuzögern. Dazu gehört das Verdrehungen von Sachverhalten, das Einbringen neuer – oftmals unbegründeter – Ausreden und das Anstreben von zusätzlichen Gutachten oder Zeugenvernehmungen. Ziel dieser Maßnahmen ist es, den Geschädigten unter Druck zu setzen und einen psychologischen Vorteil im Verfahren zu erlangen.

Verdrehung von Fakten

Die gegnerische Seite könnte versuchen, die tatsächlichen Gegebenheiten des Unfalls zu revidieren oder zu relativieren – beispielsweise durch die Behauptung, dass bestimmte Umstände nicht ausreichend berücksichtigt wurden oder dass der Geschädigte selbst eine Mitschuld trägt.

Einbringung neuer Argumente

Oft werden neue Argumente vorgebracht, die nicht nur irrelevant, sondern auch völlig unplausibel sind. Diese können dazu dienen, den ursprünglichen Fall in ein anderes Licht zu rücken und mögliche Unterstützer zu verwirren.

Verzögerungstaktiken

Wenn das Verfahren durch zusätzliche Anträge, wiederholte Gutachten oder die Anforderung von Beweisen in die Länge gezogen wird, führt dies nicht nur zu einer emotionalen Belastung für den betroffenen Geschädigten, sondern auch zu hohen Prozesskosten.

Was tun bei diesen Herausforderungen?

Angesichts dieser Taktiken ist es von größter Wichtigkeit, nicht nur informiert, sondern auch strategisch vorbereitet zu sein. Hier sind einige Schritte, um dem Druck der gegnerischen Versicherung entgegenzuwirken:

Juristische Unterstützung

Es ist unerlässlich, sich auf die Expertise eines erfahrenen Anwalts stützen, der den Prozess im Detail kennt und die dubiosen Strategien der Versicherung durchschauen kann. Ein solider Rechtsbeistand kann nicht nur die Argumentation stärken, sondern auch bei der zeitgerechten Einreichung von Unterlagen helfen.

Alle Beweise dokumentieren

Halten Sie alle Kommunikationen mit der gegnerischen Versicherung sowie deren Taktiken schriftlich fest. Diese Dokumentation könnte von entscheidender Bedeutung sein, um ein Muster aus unnötigen Verzögerungen oder ähnlichen wiederkehrenden Strategien zu erkennen.

Psychische Resilienz

Lassen Sie sich nicht entmutigen. Die gegnerische Versicherung möchte keinen unfairen Vorteil, sondern versucht, Sie emotional unter Druck zu setzen. Halten Sie sich an Ihre Ziele fest und bewahren Sie die Übersicht.

Transparente Kommunikation

Halten Sie klare Kommunikation mit Ihrem Anwalt und bleiben Sie über alle Entwicklungen informiert. Dies hilft, Missverständnisse zu vermeiden und sicherzustellen, dass Sie proaktiv auf die Entwicklungen reagieren können.

Der Berufungsantrag

Die Einlegung einer Berufung durch die gegnerische Versicherung nach der Haftungsfeststellung ist ein häufiger Schritt in der Schadensregulierung, der oft mit zahlreichen Taktiken der Verzögerung und Ablenkung einhergeht.

Lassen Sie sich durch diese Maßnahmen nicht entmutigen. Stattdessen sollten Sie sich auf fundierte rechtliche Unterstützung verlassen, alle Beweise gut dokumentieren und Ihre psychische Stabilität bewahren. Ein strategisches und gut durchdachtes Vorgehen kann Ihnen helfen, Ihre Ansprüche erfolgreich durchzusetzen, unabhängig von den Herausforderungen, die die gegnerische Seite in den Weg stellt.

Nach der Berufung

Nachdem die Berufung der Versicherung abgelehnt wurde und das erstgerichtliche Urteil somit bestätigt ist, wird der Prozess keineswegs einfacher oder kürzer. Vielmehr beginnt nun der nächste, entscheidende Teil des Verfahrens. In dieser Phase gilt es, die medizinischen Einschränkungen des Geschädigten zu klären und die Auswirkungen des Unfalls auf die Lebensqualität sowie die Arbeitsfähigkeit zu untersuchen. Auch die Höhe des Schmerzensgeldes steht nun zur Debatte.

Es ist wichtig, festzustellen, welche spezifischen Auswirkungen der Unfall auf den Geschädigten hat und wie lange diese voraussichtlich andauern werden. Hierfür sind verschiedene Gutachten notwendig, die eine solide Grundlage für die weitere rechtliche Beurteilung bieten.

Orthopädisches Gutachten

Dieses Gutachten untersucht die körperlichen Einschränkungen des Geschädigten. Orthopäden beurteilen die Art der Verletzungen, den Heilungsprozess sowie postoperative Folgen und können die Funktionsfähigkeit von Gliedmaßen oder Organen evaluieren.

Psychiatrisches Gutachten

Da Unfälle nicht nur körperliche, sondern auch seelische Auswirkungen haben können, ist ein psychiatrisches Gutachten unerlässlich. Dieses Gutachten analysiert psychische Folgen wie posttraumatische Belastungsstörungen, Angstzustände oder Depressionen und deren langfristige Auswirkungen auf das Leben des Geschädigten.

Berufskundliches Gutachten

Im Rahmen von Verfahren gegen die Pensionsversicherungsanstalt werden berufskundliche Gutachten angefertigt. Diese können dann im Verfahren vorgelegt werden und sind ein weiterer wichtiger Beweis im Hinblick auf die Einschränkungen der Arbeitsfähigkeit. Um die Auswirkungen der Verletzungen auf die berufliche Leistungsfähigkeit zu beurteilen, können berufskundliche Gutachten hilfreich sein.

Diese Gutachten helfen dabei, die finanzielle Entschädigung im Falle von Erwerbsminderungen angemessen zu gestalten und einer fairen Bewertung der Lebenssituation des Geschädigten Rechnung zu tragen. Somit kommt den berufskundlichen Gutachten eine zentrale Rolle im Rahmen der Schadensregulierung zu.

Betriebswirtschaftliches Gutachten

Ein solches Gutachten wird erstellt, um die Höhenschätzung der Schadensersatzansprüche für Verdienstausfall und zukünftige Einkommensverluste zu bestimmen. Insbesondere bei Selbstständigen und Unternehmern ist die relevant. Dies ist besonders wichtig, wenn der Unfall die unselbstständige Erwerbsfähigkeit des Geschädigten einschränkt.

Schmerzensgeld

Schmerzensgeld ist eine Form der Entschädigung, die an eine Person gezahlt wird, die durch einen Unfall körperliche oder seelische Schmerzen erlitten hat. Es dient nicht nur der finanziellen Entschädigung für erlittene Schmerzen und Leiden, sondern auch der Anerkennung des erlittenen Unrechts.

Die Berechnung des Schmerzensgeldes erfolgt in der Regel anhand verschiedener Faktoren. Zentrale Kriterien sind die Schwere der Verletzungen, die Dauer der Beeinträchtigung, die Auswirkungen auf das Alltagsleben und individuelle Umstände des Geschädigten. Schwere Verletzungen, die zu langanhaltenden Schmerzen oder dauerhaften Einschränkungen führen, rechtfertigen in der Regel höhere Schmerzensgeldansprüche. Zudem wird auch die emotionale und psychologische Belastung berücksichtigt, die durch den Unfall entstanden ist.

Hierbei können auch psychische Folgen, wie posttraumatische Belastungsstörungen, in die Schadensbewertung einfließen.

Um einen Anspruch auf Schmerzensgeld geltend zu machen, ist es wichtig, alle medizinischen Beweise sorgfältig zu dokumentieren. Dazu gehören Atteste, ärztliche Gutachten und andere relevante Unterlagen, die den Verlauf der Verletzungen und deren Einfluss auf das Leben des Geschädigten belegen. Häufig ist es auch ratsam, ein unabhängiges medizinisches Gutachten einzuholen, um die eigene Position zu stärken und die Erfolgsaussichten im Verfahren zu erhöhen.

Insgesamt ist das Schmerzensgeld nicht nur eine finanzielle Kompensation für erlittenes Leid, sondern auch eine wichtige Maßnahme, um die eingetretenen Unannehmlichkeiten und die erheblichen Auswirkungen eines Unfalls auf das Leben eines Geschädigten angemessen zu berücksichtigen.

Die Gutachter werden die Schmerzen in leichte, mittlere und schwere Schmerzen einteilen. Je nach Gericht sind diese unterschiedlich hoch, aber in der Regel sind diese mit 100 Euro für leichte, 200 Euro für mittlere und 300 Euro für schwere Schmerzen zu bewerten.

Sobald die medizinischen Gutachten vorliegen, dient dies als Basis für die Berechnung des Schmerzensgeldes.

Zusammenarbeit mit Experten

In dieser Phase ist die enge Zusammenarbeit mit medizinischen und juristischen Experten entscheidend. Die Gutachter müssen in der Lage sein, ihre Ergebnisse klar und präzise zu formulieren, um die Ansprüche zu untermauern.

Ein erfahrener Anwalt sollte zudem die Anträge und Unterlagen überwachen, um sicherzustellen, dass alle relevanten Informationen umfassend und fristgerecht eingereicht werden.

Zusammenfassung

Nachdem das erstgerichtliche Urteil bestätigt und die Berufung der Versicherung abgelehnt wurde, beginnt eine neue Phase im Schadenersatzverfahren. Die umfassende Untersuchung der medizinischen Einschränkungen und die Entwicklung eines tragfähigen Gutachtens können zeitaufwändig und komplex sein, sind jedoch entscheidend für die Festlegung des Schmerzensgeldes. Durch die sorgfältige Erfassung aller relevanten Informationen und die enge Zusammenarbeit mit Fachleuten kann der Geschädigte sicherstellen, dass seine Ansprüche angemessen berücksichtigt und durchgesetzt werden. Ein proaktives und informierter Vorgehen ist hierbei der Schlüssel zum Erfolg.

Die Gutachtenerörterung

Nach dem Erstellen eines Gutachtens im Rahmen eines Schadensverfahrens tritt der nächste Schritt in den Vordergrund: die Gutachtenerörterung. Bei dieser Gelegenheit wird der Gutachter eingeladen, sein Gutachten zu präsentieren und Fragen dazu zu beantworten.

Diese Phase ist entscheidend, um Klarheit über die medizinischen sowie beruflichen Folgen eines Unfalls zu gewinnen. Allerdings ist auch hier Vorsicht geboten, denn die gegnerische Versicherung wird unabhängig von den Ergebnissen des Gutachtens weiterhin versuchen, die Sachverhalte zu verdrehen oder zu relativieren.

Die Taktiken der Versicherung

Eine häufige Strategie der Versicherung besteht darin, die Ergebnisse des Gutachtens in einem anderen Licht erscheinen zu lassen. Dabei wird oft versucht, den Eindruck zu erwecken, dass die gesundheitlichen Beeinträchtigungen des Geschädigten minimal oder gar nicht vorhanden sind. Hier sind einige gängige Methoden, die dabei verwendet werden.

Verdrehung von Fakten

Auch wenn das Gutachten etwa eine bleibende Narbe dokumentiert, wird diese möglicherweise als „schön verheilt" dargestellt, um die Schwere des Vorfalls zu mindern. Solche Formulierungen können den Anschein vermitteln, dass der Geschädigte kaum Einschränkungen oder Schmerzen hat, obwohl die Realität anders aussieht.

Neubewertung der Gutachten

Versicherungen stellen häufig Anträge auf Klagsabweisung oder versuchen, neue Gutachter zu beauftragen, die eine andere Sichtweise vertreten könnten. Diese Vorgehensweise soll eine alternative Bewertung des Schadens ermöglichen und zeigt häufig den Versuch, sich aus der Verantwortung zu stehlen.

Solche Taktiken können verwirrend und frustrierend sein, da sie den Eindruck erwecken, dass Ihr Anliegen nicht ernst genommen wird. Es ist nicht ungewöhnlich, dass Versicherungen versuchen, durch die Anfechtung von Gutachten oder durch die Einbringung zusätzlicher Beweise den Prozess in die Länge zu ziehen oder die Höhe der Entschädigung zu minimieren. Dies geschieht in der Hoffnung, dass der Geschädigte aufgibt oder an der Gültigkeit seiner eigenen Ansprüche zweifelt.

Trotz dieser Herausforderungen ist es wichtig, standhaft zu bleiben und sich nicht entmutigen zu lassen. Eine gründliche Dokumentation aller medizinischen Gutachten, Gespräche und Korrespondenzen ist unerlässlich, um Ihre Position zu stärken. Lassen Sie sich nicht von den Taktiken der Versicherung verunsichern und ziehen Sie gegebenenfalls eine zweite Meinung von einem erfahrenen Anwalt oder einem weiteren unabhängigen Gutachter in Betracht. So erhöhen Sie Ihre Chancen, eine faire und gerechte Entschädigung für Ihre Ansprüche zu erhalten.

Anträge auf Gutachtensberichtigungen

Wenn Ungenauigkeiten im Gutachten auftreten, nutzen Versicherungen diese oft als Vorwand, um das ursprüngliche Gutachten in Frage zu stellen. Während es in einigen Fällen tatsächlich gerechtfertigt sein kann, auf Unstimmigkeiten hinzuweisen, geschieht dies in der Praxis häufig nur, um zusätzliche Zeit zu gewinnen oder den Geschädigten zu verunsichern.

Diese Taktik hat zum Ziel, den Druck auf den Geschädigten zu erhöhen und ihm das Gefühl zu vermitteln, seine rechtliche Position sei schwach und angreifbar.

In vielen Fällen wird versucht, durch die Anfechtung des Gutachtens den Gutachter auf eine falsche Fährte zu locken, um das Ergebnis zu verfälschen oder zu manipulieren.

So kann es beispielsweise bei psychiatrischen Gutachten vorkommen, dass die Versicherung den Gutachter dazu anregt, das Thema aus einer anderen Perspektive zu betrachten. Dies geschieht oft mit dem Ziel, die emotionalen und psychologischen Folgen des Unfalls von den physischen Verletzungen zu trennen und darzustellen, als hätten diese keine direkte Verbindung zum Unfallereignis selbst.

Diese Vorgehensweise kann potenziell verheerende Auswirkungen auf den Schadensersatzanspruch des Geschädigten haben. Indem die Versicherung versucht, die relevanten Zusammenhänge zu schwächen oder zu leugnen, könnte sie bewirken, dass der Geschädigte nicht die ihm zustehende Entschädigung erhält.

Solche manipulativen Taktiken zeigen, wie wichtig es ist, sich gegen die ständige Infragestellung durch Versicherungen zu wappnen und sich nicht durch deren Strategien verunsichern zu lassen.

Für Geschädigte ist es daher von entscheidender Bedeutung, alle medizinischen Bewertungen sorgfältig zu dokumentieren.

Das Bewusstsein über solche Strategien hilft Geschädigten, selbstbewusst für ihre Rechte einzutreten und sich nicht von den Machenschaften der Versicherung einschüchtern zu lassen.

Strategien zur Verteidigung

Es ist wichtig, auf diese Taktiken vorbereitet zu sein und die eigenen Ansprüche klar und verständlich zu kommunizieren. Hier sind einige Schritte, die helfen können:

Juristische Zweitmeinung einholen

Es kann sehr hilfreich sein, einen weiteren Anwalt oder Juristen zu Rate zu ziehen, der über Erfahrung mit Gutachtenerörterungen verfügt. Diese Fachkundige Person kann sicherstellen, dass Ihre Position klar und unmissverständlich formuliert wird, was entscheidend für die Stärkung Ihres Anspruchs ist. Der Anwalt oder Jurist kann nicht nur die Inhalte der Gutachten kritisch analysieren, sondern auch die Argumentation der Versicherung hinterfragen und auf die gegebenenfalls manipulativen Taktiken der Gegenpartei adäquat reagieren.

Ein erfahrener Jurist kann zudem die Relevanz der vorgelegten Beweise und Gutachten hervorheben und sicherstellen, dass alle für Ihren Fall wesentlichen Informationen vollständig berücksichtigt werden.

Durch gezielte Fragen und Überlegungen kann er oder sie möglicherweise Schwächen in der Argumentation der Gegenseite aufdecken und Sie dabei unterstützen, eine fundierte und überzeugende Argumentation zu entwickeln.

Darüber hinaus kann ein Jurist Ihnen helfen, die Kommunikation mit der Versicherung professionell zu gestalten und rechtliche Fallstricke zu vermeiden, die bei einer unüberlegten Formulierung oder zu hastigen Entscheidungen entstehen könnten. Ein klar strukturiertes Vorgehen fördert nicht nur die Effizienz des Verfahrens, sondern schützt auch Ihre Ansprüche.

Insgesamt kann die Einbeziehung eines weiteren Anwalt oder Juristen ein entscheidender Faktor sein, um Ihre Erfolgschancen im Verfahren zu erhöhen.

Dies ist besonders wichtig in komplexen Fällen, in denen die Interpretation von Gutachten und die Bewertung von Beweisen eine zentrale Rolle spielen. So sind Sie besser gerüstet, um sich erfolgreich gegen die Taktiken der gegnerischen Versicherung zur Wehr zu setzen und eine angemessene Entschädigung für Ihre Ansprüche zu erreichen.

Gegenargumente bereitstellen

Sehen Sie sich das Gutachten genau an und identifizieren Sie Stellen, an denen die Versicherung versucht, die Tatsachen zu verdrehen. Achten Sie besonders auf Formulierungen, die Ihrer Meinung nach nicht den tatsächlichen Umständen entsprechen oder die Aussagekraft der medizinischen Einschätzung in Frage stellen. Es ist wichtig, alle relevanten Details aufmerksam zu prüfen und gegebenenfalls Unklarheiten oder Widersprüche zu notieren.

Erarbeiten Sie sinnvolle Gegenargumente, die auf Ihrem Verständnis des Gutachtens basieren. Nutzen Sie unterstützende Beweise, die Ihre Position untermauern. Dies kann beispielsweise die Einholung zusätzlicher medizinischer Berichte, Zeugenaussagen oder Dokumente über Ihre bisherigen Gesundheitszustände und Behandlungen umfassen. Jedes elementare Detail kann wertvoll sein, um Ihre Argumentation zu stärken.

Hier sind einige Tipps, die Ihnen helfen können, Ihre Argumente effektiver zu formulieren:

Detaillierte Analyse

Machen Sie eine gründliche Analyse des Gutachtens. Listen Sie die spezifischen Punkte auf, die Ihrer Meinung nach nicht korrekt oder missverständlich sind.

Zitieren von Fachquellen

Berufen Sie sich auf medizinische Fachliteratur oder anerkannte Leitlinien, die Ihre Sichtweise unterstützen. Dies kann die Glaubwürdigkeit Ihrer Argumente maßgeblich erhöhen.

Zusätzliche Gutachten einholen

Wenn möglich, ziehen Sie in Betracht, ein weiteres Gutachten von einem unabhängigen Experten erstellen zu lassen. Dies kann helfen, alternative Sichtweisen darzulegen und Ihre Position zu stärken.

Zeugenaussagen

Wenn es Zeugen gibt, die Ihre Angaben unterstützen können, sollten Sie in Betracht ziehen, deren Aussagen zu dokumentieren. Dies kann zusätzliche Beweise liefern, die Ihre Glaubwürdigkeit erhöhen.

Faktenbasiertes Vorgehen

Vermeiden Sie emotionale Argumentationen, die möglicherweise nicht auf den Fakten basieren. Halten Sie Ihre Argumente stets sachlich und objektiv.

Strukturierte Präsentation

Stellen Sie Ihre Argumente und Beweise klar und strukturiert dar. Ein gut organisierter Überblick hilft dabei, Ihre Position nachhaltig zu vermitteln.

Indem Sie sorgfältig und methodisch an die Analyse des Gutachtens herangehen, erhöhen Sie Ihre Chancen, die Position der Versicherung zu widerlegen und Ihre Ansprüche erfolgreich geltend zu machen. Bleiben Sie sachlich, gut informiert und lassen Sie sich nicht von den Taktiken der Gegenseite verunsichern.

Transparente Dokumentation

Halten Sie alle Kommunikationen mit der Versicherung fest, um den Verlauf der Argumentation nachzuvollziehen. Diese Informationen können im weiteren Verlauf des Verfahrens wertvoll sein.

Gefühl der emotionalen Sicherheit

Lassen Sie sich nicht durch die vermeintlichen Ungereimtheiten oder Äußerungen der gegnerischen Versicherung unter Druck setzen. Die Taktiken, die angewendet werden, dienen oft dazu, Verwirrung zu stiften und eine Unterwerfung herbeizuführen. Es ist wichtig, die psychologischen Spielchen zu erkennen, die darauf abzielen, Sie aus der Fassung zu bringen und Ihr Selbstvertrauen in Ihre Ansprüche zu minimieren.

Halten Sie sich an Ihre Fakten und Argumente. Stellen Sie sicher, dass Sie Ihre Dokumentation vollständig und gut organisiert haben. Dies umfasst alle relevanten medizinischen Unterlagen, Gutachten, Korrespondenzen und Beweisstücke, die Ihre Position stützen. Eine sorgfältige Vorbereitung gibt Ihnen die Stärke, die erforderliche Klarheit und Entschlossenheit zu zeigen, die notwendig ist, um gegen die weitreichende Manipulationstaktiken der Versicherung anzukämpfen.

Zudem ist es ratsam, Ruhe und Besonnenheit zu bewahren. Wenn die gegnerische Versicherung versucht, Sie emotional unter Druck zu setzen, reagieren Sie mit einer sachlichen und fundierten Kommunikation. Lassen Sie sich nicht von emotionalen Provokationen leiten, sondern bleiben Sie fokussiert darauf, Ihre Argumente klar zu vermitteln.

Erwägen Sie auch die Unterstützung eines erfahrenen Anwalts oder Beraters, der Sie im Umgang mit der Versicherung begleitet. Ein Fachmann kann Ihnen helfen, die richtige Strategie zu wählen und Sie dabei unterstützen, in schwierigen Momenten standhaft zu bleiben.

Schließlich ist es entscheidend, Ihren eigenen Wert und Ihre Ansprüche nicht zu unterschätzen. Lassen Sie sich nicht dazu verleiten, Ihre Forderungen zu senken, nur um den Druck zu mindern. Bleiben Sie konsequent in Ihren Forderungen und rechtmäßigen Ansprüchen, und setzen Sie alles daran, eine faire und angemessene Entschädigung zu erhalten. Indem Sie Ihre Position klar vertreten und professionell auftreten, erhöhen Sie Ihre Chancen auf eine erfolgreiche Klärung Ihres Anliegens erheblich.

Fazit

Die Gutachtenerörterung ist eine zentrale Phase im Schadensregulierungsverfahren, die oft mit verschiedenen Taktiken der gegnerischen Versicherung einhergeht. Diese wird alles versuchen, um den Sachverhalt zu verdrehen und eigene Interessen durchzusetzen. Es ist entscheidend, sich auf diese Herausforderungen vorzubereiten und einen klaren, evidenzbasierten Standpunkt zu formulieren.

Durch rechtliche Unterstützung, gründliche Dokumentation und emotionale Stabilität können Sie sicherstellen, dass Ihre Ansprüche im besten Licht präsentiert und erfolgreich durchgesetzt werden.

Verfahren in die Länge ziehen

In der komplexen Welt der Schadensregulierung ist es nicht ungewöhnlich, dass Versicherungen versuchen, Prozesse durch verschiedene Maßnahmen zu verlängern. Diese Taktiken verfolgen oft das Ziel, den Geschädigten zu verunsichern und unter Druck zu setzen, in der Hoffnung, dass dieser freiwillig aufgibt oder einem unvorteilhaften Vergleich zustimmt.

Ziele der Verzögerungsstrategien

Psychische Belastung erhöhen

Versicherungen wissen, dass ein langwieriger Prozess sowohl psychisch als auch emotional belastend für den Geschädigten sein kann. Die ständige Auseinandersetzung mit den Taktiken der Versicherung kann zu erheblichem Stress und Verunsicherung führen. Diese psychische Belastung ist oft ein entscheidender Faktor, der Geschädigte dazu bringt, niedrigere Angebote zu akzeptieren oder den Prozess ganz aufzugeben.

Finanzielle Überlastung erzeugen

Ein zieldienliches Element der Verzögerungstaktiken ist die absichtliche Erhöhung der Verfahrenskosten. Durch wiederholte Gutachten, Anträge auf Klagsabweisung oder das Einbringen neuer Argumente können die Kosten für den Geschädigten schnell in die Höhe schießen. Dies kann dazu führen, dass die maximalen Deckungsgrenzen in einer Rechtsschutzversicherung erreicht oder überschritten werden, was die finanzielle Belastung für den Geschädigten weiter erhöht.

Anreize für einen schlechten Deal schaffen

In der Hoffnung, dass Geschädigte von der anhaltenden Unsicherheit frustriert sind, bieten Versicherungen manchmal schlecht kalkulierte Vergleichsangebote an. Diese Angebote erscheinen verlockend, können jedoch oft nicht die tatsächlichen Kosten oder den Schmerz und das Leid eines Geschädigten angemessen decken. Der Druck, einen schnellen Schlussstrich zu ziehen, und die Angst vor weiteren Prozesskosten führen dazu, dass viele Geschädigte letztlich demütigen und annehmen.

Strategien zur Vermeidung von Fallstricken

Um den durch Verzögerungstaktiken erzeugten Herausforderungen entgegenzuwirken, sollten Geschädigte einige Strategien in Betracht ziehen:

Rechtsbeistand suchen

Der Beizug eines erfahrenen Rechtsanwalts kann ein entscheidender Schritt sein. Ein Anwalt, der sich mit Versicherungsrecht und den typischen Taktiken der Versicherungen auskennt, kann helfen, potenzielle Fallstricke frühzeitig zu erkennen und dagegen vorzugehen.

Transparente Kommunikation

Halten Sie alle Kommunikationen mit der Versicherung fest und dokumentieren Sie sie gründlich. Notieren Sie sich die Taktiken, die Sie bemerken, und schätzen Sie deren Auswirkungen auf Ihre Situation. Dieses Protokoll kann in der weiteren Auseinandersetzung von unschätzbarem Wert sein.

Standhaftigkeit bewahren

Lassen Sie sich nicht von der Taktik der Verzögerung verunsichern. Konzentrieren Sie sich auf Ihre Ansprüche und lassen Sie sich nicht dazu treiben, voreilige Entscheidungen zu treffen.

Alternative Lösungen prüfen: Manchmal kann es hilfreich sein, alternative Streitbeilegungsmethoden, wie Mediation, in Betracht zu ziehen. Dies kann dazu beitragen, den Prozess zu beschleunigen und möglicherweise zu einer für beide Seiten akzeptablen Lösung zu führen.

Fazit

Die Taktiken, die von Versicherungen verwendet werden, um Verfahren in die Länge zu ziehen, dienen primär dazu, den Druck auf Geschädigte zu erhöhen, damit diese aufgeben oder unvorteilhafte Vergleiche akzeptieren. Dies kann nicht nur zu finanziellen Nachteilen führen, sondern auch die emotionalen Belastungen verstärken. Indem Geschädigte proaktiv handeln, rechtliche Unterstützung in Anspruch nehmen und ihre Ansprüche konsequent vertreten, können sie sich gegen diese längerfristigen Strategien behaupten und einen fairen Abschluss ihres Verfahrens anstreben. Ein informierter und strategisch kluger Ansatz ist entscheidend, um die Rechte als Versicherungsnehmer zu wahren.

Eine gefährliche Spirale

Die Auseinandersetzung mit Versicherungen kann für Geschädigte sowohl belastend als auch langwierig sein. Insbesondere die Strategien, die Versicherungen anwenden, um Prozesse zu verzögern, haben erhebliche psychische Auswirkungen auf die Opfer. Diese Vorgehensweisen führen nicht nur zu einer Verschlimmerung der psychischen Belastung, sondern auch zu einer Verlängerung der Arbeitsunfähigkeit und letztlich zu steigenden Kosten.

Die Folgen der Verzögerung

Die ständigen juristischen Auseinandersetzungen mit einer Versicherung erzeugen einen enormen psychischen Druck. Die Ungewissheit über die Höhe einer Entschädigung, das endlose Warten auf Entscheidungen und die Perspektivlosigkeit, die mit einem langwierigen Prozess einhergeht, führen häufig zu erhöhtem Stress, Angst und sogar Depressionen.

Verlängerte Arbeitsunfähigkeit

Diese psychischen Belastungen haben direkte Auswirkungen auf die körperliche Gesundheit und die Arbeitsfähigkeit des Geschädigten. Anhaltende psychische Probleme können zu längeren Arbeitsunfähigkeitszeiten führen. Dies führt nicht nur zu einem Verlust von persönlichem Einkommen, sondern auch zu einer Abnahme der Lebensqualität und einer Verschiebung von Zukunftsperspektiven.

Steigende Kosten

Die Kombination aus psychischen Belastungen und verlängerter Arbeitsunfähigkeit bedeutet in vielen Fällen, dass zusätzliche Kosten anfallen. Die erhöhten Lebenshaltungskosten, möglicherweise auch durch medizinische Behandlungen oder Psychotherapien, summieren sich und belasten den Geschädigten zusätzlich.

Psychischen Druck erhöhen

Das Ziel der Versicherungen, die Prozesse in die Länge zu ziehen, basiert oft auf der Überlegung, den psychischen Druck auf den Geschädigten weiter zu erhöhen.

Keine Einnahmen

Die Verzögerungstaktiken führen dazu, dass der Geschädigte aufgrund von Arbeitsunfähigkeit keine Einkünfte hat. Dies wirkt sich nicht nur auf die finanzielle Situation aus, sondern verstärkt auch das Gefühl der Hilflosigkeit und Unsicherheit.

Schlechtere Angebote

In Anbetracht der finanziellen Notwendigkeit, einen Ausweg aus der belastenden Situation zu finden, wird der Geschädigte häufig dazu gedrängt, einem unvorteilhaften Vergleich zuzustimmen. Diese Angebote erscheinen in Anbetracht der Lebensumstände verlockend, sind jedoch meist weit von einer gerechten Entschädigung entfernt.

Bewältigungsstrategien

In dieser belastenden Situation ist es entscheidend, Strategien zur Bewältigung zu entwickeln:

Rechtliche Unterstützung

Der Beizug eines erfahrenen Anwalts, spezialisiert auf Versicherungsrecht, kann dazu beitragen, die Ansprüche klar zu definieren und als Ansprechpartner zu fungieren. Dies nimmt einen Teil des Drucks von den Geschädigten.

Psychologische Unterstützung

Das Gespräch mit Fachleuten, wie Psychologen oder Therapeuten, kann dabei helfen, die psychischen Belastungen zu verarbeiten. Hilfe anzunehmen, stellt einen wichtigen Schritt dar, um den emotionalen Druck zu reduzieren.

Dokumentation der Auswirkungen

Halten Sie alle relevanten Informationen fest, die Ihre Situation und Leistungen dokumentieren. Dies kann später im Verfahren von enormer Bedeutung sein und zeigt auf, wie sehr die Situation belastet.

Selbstfürsorge

Achten Sie darauf, auf sich selbst zu achten, Ihre Bedürfnisse zu erkennen und gegebenenfalls Pausen einzulegen. Physische Aktivität und soziale Unterstützung können helfen, den Stress zu reduzieren und Ihre allgemeine Lebensqualität zu verbessern.

Die Auswirkungen

Die Verzögerungstaktiken der Versicherungen führen zu einer erheblichen psychischen Belastung bei Geschädigten, was sich oft in einer verlängerten Arbeitsunfähigkeit und steigenden Kosten niederschlägt. Diese Strategie der Versicherungen zielt darauf ab, den Druck auf die Geschädigten zu erhöhen, um diese in eine Position zu bringen, in der sie voreilig einem schlechten Deal zustimmen.

Ein proaktiver und informierter Umgang mit diesen Herausforderungen ist entscheidend, um die eigenen Ansprüche durchzusetzen und sich nicht von negativen Taktiken beeinflussen zu lassen. Unterstützung durch rechtliche und psychologische Fachkräfte kann dabei helfen, die Kontrolle über die eigene Situation zurückzugewinnen und eine gerechte Entschädigung zu erreichen.

Prozesskostenfinanzierer

Ein Prozesskostenfinanzierer ist eine strategische Unterstützung im Kampf gegen die Versicherung.

Im Laufe eines Schadenverfahrens kann es vorkommen, dass die Versicherungssumme (in der Rechtsschutzversicherung) erschöpft ist. An diesem Punkt ist es entscheidend, geeignete Maßnahmen zu ergreifen, um die berechtigten Ansprüche weiterhin durchzusetzen. Eine sinnvolle Option besteht darin, einen Prozesskostenfinanzierer zu engagieren.

Diese Entscheidung kann nicht nur den finanziellen Druck reduzieren, sondern auch eine klare Botschaft an die Versicherung senden – dass man die Strategien der Gegenseite versteht und entsprechend darauf reagiert.

Die Ausschöpfung der Versicherungssumme signalisiert einen kritischen Punkt im Verfahren. Wenn die Kosten steigen und die finanziellen Mittel erschöpft sind, wird die Situation oft unübersichtlich. An dieser Stelle empfiehlt es sich, einen Prozesskostenfinanzierer ins Boot zu holen, um sicherzustellen, dass die Auseinandersetzung weiterhin auf einem soliden finanziellen Fundament ruht.

Vorteile eines Prozesskostenfinanzierers

Finanzielle Entlastung

Ein Prozesskostenfinanzierer übernimmt die Finanzierung der Prozesskosten, bis das Verfahren abgeschlossen ist. Dies bedeutet, dass der Geschädigte nicht in Vorleistung treten muss, was besonders in Situationen von Vorteil ist, in denen die Einkünfte aufgrund von Arbeitsunfähigkeit ausbleiben.

Optimierung der Verhandlungsposition

Die Einbindung eines Prozesskostenfinanzierers signalisiert der gegnerischen Versicherung, dass der Geschädigte gewillt und in der Lage ist, für seine Ansprüche zu kämpfen. Dies kann die Verhandlungsposition erheblich stärken und den Druck auf die Versicherung erhöhen, anständig zu handeln.

Professionelle Unterstützung

Prozesskostenfinanzierer verfügen oft über Erfahrungswerte und Kenntnisse, die über die rein rechtlichen Halbwahrheiten hinausgehen. Sie können die Taktiken der Versicherung erkennen und Strategien entwickeln, um diesen entgegenzuwirken.

Unterbrechung von Taktiken

Indem man einen Prozesskostenfinanzierer hinzuzieht, wird das oft beharrliche Spiel der Versicherung unterbrochen. Sie kann nicht länger darauf zählen, dass Geschädigte aufgrund von Erschöpfung oder Unsicherheit von einem Prozess zurücktreten.

Eine klare Botschaft an die Versicherung

Das Engagement eines Prozesskostenfinanzierers sendet auch eine unmissverständliche Botschaft an die Versicherung: Man kennt die Taktiken, die Strategien und den Plan verborgen hinter den Abläufen. Dieses Wissen stellt einen bedeutenden Vorteil dar, insbesondere wenn es darum geht, sich in einem oft ungleichen Gefüge zu behaupten.

Es ist entscheidend, dass die Versicherung erkennt, dass der Geschädigte bereit ist, alle notwendigen Schritte zu unternehmen, um seine Ansprüche durchzusetzen. Diese Entschlossenheit kann eine Wendung im Verlauf des Verfahrens bewirken, indem sie die Versicherung dazu zwingt, ernsthaft zu verhandeln und in fairer Weise zu agieren.

Die Einschaltung eines Prozesskostenfinanzierers nach der Erschöpfung der Versicherungssumme ist eine strategische Entscheidung, die sowohl finanzielle als auch psychologische Vorteile mit sich bringt. Es ermöglicht den Geschädigten, ihre Ansprüche weiterhin durchzusetzen und signalisiert der Versicherung, dass man deren Taktik durchschaut hat und nicht gewillt ist, sich zurückzuziehen. Eine gut geplante, informierte und zielgerichtete Vorgehensweise kann entscheidend sein, um die eigenen Ansprüche durchzusetzen und den notwendigen Druck auf die gegnerische Seite aufrechtzuerhalten.

Gerichtsnahe Vergleiche

Sobald ein Gericht in einem Schadensfall bereits eine Vielzahl von Feststellungen getroffen hat, kann dies ein entscheidender Moment sein, um erneut Kontakt mit der Versicherung aufzunehmen. In dieser Phase bietet sich oft die Möglichkeit, einen gerichtsnahen Vergleich zu schließen, der es ermöglicht, die Auseinandersetzung effizient und zügig zu beenden. Dabei ist jedoch Vorsicht geboten, um sicherzustellen, dass man nicht benachteiligt wird.

gerichtlichen Feststellungen

Gerichtliche Feststellungen haben in einem Schadensverfahren eine gewichtige Bedeutung. Sie bringen Klarheit über die zugrunde liegenden Tatsachen, die Haftung und möglicherweise auch die Höhe des Schadens. Mit diesen Informationen in der Hand kann der Geschädigte in Verhandlungen mit der Versicherung gehen, um eine faire Entschädigung zu erreichen.

gerichtsnahen Vergleichs

Kosteneffizienz

Ein gerichtsnaher Vergleich kann oft eine schnellere und kostengünstigere Lösung bieten als ein langwieriger Prozess. Dies kommt beiden Parteien zugute und hilft, unnötige gerichtliche Auseinandersetzungen zu vermeiden.

Planungssicherheit

Ein Vergleich gibt dem Geschädigten Planungssicherheit hinsichtlich der zu erwartenden Entschädigung. Dies ist besonders wichtig, wenn die finanziellen Mittel aufgrund von Arbeitsunfähigkeit oder anderen Belastungen angespannt sind.

Minimierung von Risiken

Durch einen Vergleich können beide Parteien rechtliche Unsicherheiten und das Risiko von unvorhergesehenen Entscheidungen im Verlauf des Verfahrens minimieren.

Wichtige Punkte in den Verhandlungen

Trotz der möglichen Vorteile ist es von größter Bedeutung, während der Verhandlungen wachsam zu bleiben und sich nicht über den Tisch ziehen zu lassen:

Klare Grenzen setzen

Stellen Sie sicher, dass die angebotene Vergleichssumme den tatsächlichen Schaden und die festgestellten Tatsachen berücksichtigt. Berücksichtigen Sie alle bisherigen Gutachten und die rechtlichen Feststellungen des Gerichts.

Beteiligung eins Prozesskostenfinanzierer

Kommunizieren Sie der Versicherung, dass ein Prozesskostenfinanzierer mit an Bord ist. Diese Botschaft ist entscheidend, da sie nicht nur finanziellen Rückhalt gibt, sondern auch signalisiert, dass Sie sich der Taktiken der Versicherung bewusst sind und nicht gewillt sind, sich auf ein ungünstiges Angebot einzulassen.

Sorgfaltspflicht

Bevor Sie einen Vergleich akzeptieren, sollten Sie alle Aspekte des Angebots sorgfältig abwägen. Lassen Sie sich gegebenenfalls von Ihrem Anwalt beraten, um sicherzustellen, dass alle relevanten Faktoren in die Entscheidungsfindung einfließen.

Kommunikation mit der Versicherung

Ein offener, aber bestimmter Dialog mit der Versicherung ist entscheidend. Es lohnt sich, die Position zu behaupten und klarzustellen, dass die bereitgestellten Informationen und Feststellungen des Gerichts ernst genommen werden müssen.

Botschaft an die Versicherung

Es sollte unmissverständlich kommuniziert werden, dass Sie sich der Vorgehensweisen der Versicherung bewusst sind und über alle notwendigen Mittel verfügen, um Ihre Ansprüche durchzusetzen.

Die Kontaktaufnahme mit der Versicherung nach gerichtlichen Feststellungen bietet eine gute Gelegenheit, sich auf einen gerichtsnahen Vergleich zu einigen. In dieser Phase ist es jedoch unerlässlich, sich nicht über den Tisch ziehen zu lassen und die eigenen Ansprüche klar zu formulieren. Die Einbeziehung eines Prozesskostenfinanzierers stärkt Ihre Position und sendet der Versicherung eine klare Botschaft: Man kennt deren Taktiken und ist bereit, für die Rechte und Ansprüche einzustehen. Ein gut informierter und strategischer Ansatz kann dazu beitragen, eine faire und angemessene Entschädigung zu erzielen und die Auseinandersetzung zufriedenstellend zu beenden.

unrealistischen Vergleichsvorschlägen

In vielen Schadensfällen kann es vorkommen, dass die Versicherung trotz klarer Fakten und eindeutiger gerichtlicher Feststellungen nicht bereit ist, einen realistischen und vernünftigen Vergleich anzubieten. In solchen Situationen bleibt oft nur der Weg, den Gerichtsprozess fortzuführen. Dabei ist es entscheidend, den Druck auf die Versicherung aufrechtzuerhalten und alle verfügbaren Ressourcen zu nutzen, um die eigenen Ansprüche zu untermauern.

Die Folgen unrealistischer Vergleichsangebote

Unrealistische Vergleichsangebote können frustrierend sein und die ohnehin bedrückende Situation noch verschärfen. Solche Angebote können den Eindruck erwecken, dass die Versicherung die rechtlichen Fakten ignoriert und nicht bereit ist, fair zu verhandeln. In diesem Fall ist es von wesentlicher Bedeutung, die eigenen Ansprüche zu verteidigen und die Auseinandersetzung vor Gericht weiterzuführen.

Strategien zur Unterstützung

weiterer medizinischer Unterlagen

Um den Standpunkt zu untermauern, sollte der Geschädigte alle relevanten medizinischen Unterlagen beschaffen, die die eigenen Ansprüche stützen. Dies könnte die Anforderung zusätzlicher Gutachten von behandelnden Ärzten oder Fachleuten umfassen, die die Schwere der Verletzungen und deren langfristige Folgen detailliert beschreiben.

Einholung von Privatgutachten

In vielen Fällen kann es sinnvoll sein, ein unabhängiges Privatgutachten in Auftrag zu geben. Solche Gutachten bieten eine objektive Bewertung der Situation aus der Perspektive eines anderen Fachmanns und können dazu beitragen, die Argumentation zu stärken. Ein starkes Privatgutachten kann der Versicherung zeigen, dass die Einschätzungen ihrer Gutachter nicht die Realität widerspiegeln.

Zusätzliches Rechtsgutachten einholen

Die Einholung eines zusätzlichen Rechtsgutachtens kann ebenfalls eine wertvolle Unterstützung bieten. Ein versierter Jurist kann die bestehenden rechtlichen Argumente überprüfen und zusätzliche Perspektiven aufzeigen, die möglicherweise im ursprünglichen Prozess nicht berücksichtigt wurden. Diese externe Sichtweise kann dazu beitragen, Strategien besser zu entwickeln und die eigene Position zu festigen – unabhängig von dem Rechtsanwalt, der den Fall derzeit vertritt.

Druck aufrechterhalten

Es ist wichtig, den Druck auf die Versicherung aufrechtzuerhalten, insbesondere wenn sie sich hartnäckig weigert, realistische Angebote zu machen. Eine konsequente und professionelle Herangehensweise unterscheidet sich wesentlich von emotionalen Reaktionen:

Dokumentation aller Schritte

Halten Sie alle getätigten Schritte und kommunizierten Angebote fest. Eine umfassende Dokumentation kann im Gerichtssaal von großer Bedeutung sein und zeigt der Versicherung, dass Sie organisiert und gut vorbereitet sind.

Klarheit in der Kommunikation

Kommunizieren Sie klar, dass Sie die Auseinandersetzung nicht scheuen und bereit sind, alle notwendigen Schritte zu unternehmen, um Ihre Ansprüche durchzusetzen. Lassen Sie die Versicherung wissen, dass Sie sich auf die Unterstützung von Experten stützen, um Ihren Fall zu stärken.

Zusammenarbeit mit Ihrem Anwalt

Die enge Zusammenarbeit mit Ihrem Anwalt bleibt entscheidend. Diskutieren Sie die Schritte, die Sie unternehmen möchten, und stellen Sie sicher, dass diese mit Ihrer rechtlichen Strategie im Einklang stehen. Ihr Anwalt sollte über alle weiteren Schritte informiert sein, um die Gesamtstrategie zu unterstützen.

Wenn die Versicherung trotz klarer Fakten und offensichtlicher Notwendigkeit für einen realistischen Vergleich nicht bereit ist, diesen anzubieten, ist die Fortführung des Gerichtsprozesses häufig der einzige Weg vorwärts. Durch die konsequente Beschaffung weiterer medizinischer Unterlagen, die Einholung von Privatgutachten und die Suche nach zusätzlicher rechtlicher Unterstützung kann Druck auf die Versicherung aufgebaut werden.

Die Entschlossenheit, Ihre Ansprüche energisch zu vertreten, in Kombination mit einer gut organisierten Vorgehensweise, kann dazu beitragen, eine gerechte Entschädigung zu erreichen. Während der Prozess möglicherweise langwierig und herausfordernd ist, ist es entscheidend, sich nicht von unrealistischen Angeboten abbringen zu lassen und die eigene Position mit Nachdruck zu vertreten.

Taktiken der Versicherung

Versicherungen nutzen eine Vielzahl von Taktiken, um ihre finanziellen Verpflichtungen zu minimieren und den Schadensregulierungsprozess zu ihren Gunsten zu beeinflussen. Hier sind einige der gängigen Strategien:

Verzögerungstaktiken

Versicherungen versuchen häufig, Verfahren durch Anträge auf Gutachtenerörterung, neue Gutachten oder Klagsabweisungen in die Länge zu ziehen. Diese Verzögerungen schaffen zusätzliche Ungewissheit und psychischen Druck auf den Geschädigten.

Verdrehung von Fakten

Oft werden die Tatsachen des Unfalls oder der Schwere der Verletzungen der Geschädigten unterschiedlich interpretiert, um den Eindruck zu erwecken, dass geringere Ansprüche gerechtfertigt sind. Formulierungen wie „schön verheilt" bei offensichtlichen Verletzungen sind gängige Beispiele.

Unzureichende Vergleichsangebote

Selbst nach klaren gerichtlichen Feststellungen versuchen Versicherungen, geringe Vergleichsbeträge zu offerieren, die nicht dem tatsächlichen Schaden entsprechen. Die Strategie zielt darauf ab, Geschädigte unter Druck zu setzen, um schnell einen Deal abzuschließen.

Psychologischer Druck

Versicherungen nutzen den psychischen Stress, der aus langwierigen Verfahren entsteht, um Geschädigte zu einer Einigung zu bewegen, oft mit dem Ziel, weniger oder gar keine Entschädigung zu zahlen.

Anfechtung von Gutachten:

Wenn die Versicherung mit dem Inhalt eines Gutachtens nicht einverstanden ist, kann sie versuchen, dieses anzufechten oder sogenannte „Gegengutachten" in Auftrag zu geben, um die Argumentation zu untergraben.

Manipulation von Informationen

In einigen Fällen können Versicherungen versuchen, Dokumentationen oder Aussagen so darzustellen, als beachten sie die rechtlichen und medizinischen Tatsachen nicht vollständig, um ihre eigene Position zu stärken.

Erschöpfung von Versicherungssummen

Um einen Geschädigten zu einem schlechten Vergleich zu bewegen, kann die Versicherung darauf abzielen, die persönlichen finanziellen Mittel zu erschöpfen, was zu einem Gefühl der Dringlichkeit führt, eine Einigung zu erzielen.

Durch diese Taktiken verfolgen Versicherungen häufig das Ziel, den Schadensfall für sie selbst vorteilhaft zu gestalten, häufig zum Nachteil des Geschädigten. Ein proaktiver und gut informierter Ansatz, der möglicherweise rechtliche Unterstützung und unabhängige Gutachten einbezieht, ist entscheidend, um sich erfolgreich gegen diese Strategien zur Wehr zu setzen.

proaktiven Handlung für Geschädigte

Rechtsbeistand hinzuziehen

Engagieren Sie einen erfahrenen Anwalt, der auf Versicherungsrecht spezialisiert ist, um sicherzustellen, dass Ihre Ansprüche rechtlich gut vertreten werden.

Dokumentation der Schäden

Führen Sie eine umfassende Dokumentation aller Schäden (medizinisch, finanziell, psychisch) und sammeln Sie Belege, Rechnungen und Ermittlungen, die Ihre Ansprüche unterstützen.

Einholung medizinischer Gutachten

Lassen Sie sich von qualifizierten Fachärzten umfassend untersuchen und stellen Sie sicher, dass alle relevanten medizinischen Gutachten vorliegen.

Privatgutachten anfordern

Holen Sie unabhängige Gutachten von externen Experten ein, um Ihre Position zu stärken. Diese können zusätzliche Perspektiven zu Ihrer Verletzung oder den Konsequenzen anbieten.

Aufzeichnung aller Kommunikationen

Dokumentieren Sie sämtliche Kommunikationen mit der Versicherung, einschließlich E-Mails, Briefe und Telefongespräche, um einen klaren Verlauf der Interaktionen zu haben.

Fristgerechte Einreichung von Ansprüchen

Stellen Sie sicher, dass alle Ansprüche, Dokumente und Unterlagen zeitgerecht eingereicht werden, um Verzögerungen zu vermeiden.

Transparente Kommunikation

Kommunizieren Sie klar und professionell mit der Versicherung. Vermeiden Sie emotionale Äußerungen und halten Sie den Fokus auf Fakten und Tatsachen.

Einholung von rechtlichen Gutachten

Lassen Sie sich rechtlich beraten und ziehen Sie möglicherweise ein zweites rechtliches Gutachten hinzu, um Ihre Argumentation zu unterstützen.

Einsichtnahme in Vertragsunterlagen

Überprüfen Sie alle relevanten Versicherungsunterlagen, um sicherzustellen, dass Sie über die Deckungsbedingungen und -limits informiert sind.

Prozesskostenfinanzierer hinzuziehen

Ziehen Sie in Erwägung, einen Prozesskostenfinanzierer zu engagieren, um finanzielle Unterstützung während des Verfahrens zu erhalten und den Druck auf die Versicherung zu erhöhen.

Regelmäßige Updates mit Ihrem Anwalt

Halten Sie regelmäßige Treffen mit Ihrem Anwalt ab, um über den Fortschritt des Verfahrens informiert zu bleiben und notwendige Entscheidungen rechtzeitig zu treffen.

Psychologische Unterstützung

Ziehen Sie in Betracht, psychologische Unterstützung oder Therapie in Anspruch zu nehmen, um mit den emotionalen und psychischen Belastungen des Verfahrens umzugehen.

Zusammenfassung

Um sicherzustellen, dass Ihre Ansprüche nach einem Unfall bestmöglich vertreten werden, ist es wichtig, proaktive Maßnahmen zu ergreifen. Zunächst sollten Sie einen erfahrenen Anwalt mit Spezialisierung auf Versicherungsrecht hinzuziehen, um rechtliche Expertise bei der Durchsetzung Ihrer Ansprüche zu gewährleisten.

Zusätzlich ist eine umfassende Dokumentation aller Schäden entscheidend. Dazu gehört die Sammlung von medizinischen, finanziellen und psychischen Belegen, um Ihre Ansprüche zu untermauern. Lassen Sie sich auch von qualifizierten Fachärzten umfassend untersuchen und holen Sie gegebenenfalls unabhängige Gutachten von externen Experten ein, um Ihre Position zu stärken.

Es ist wichtig, alle Kommunikationen mit der Versicherung zu dokumentieren, um einen klaren Verlauf der Interaktionen zu gewährleisten. Achten Sie darauf, dass alle Ansprüche und Dokumente fristgerecht eingereicht werden, um Verzögerungen zu vermeiden. Bei der Kommunikation mit der Versicherung sollte der Fokus auf einer klaren und faktenbasierten Darstellung Ihrer Situation liegen, während emotionale Äußerungen vermieden werden sollten.

Auf rechtlicher Ebene sollten Sie eventuell ein zweites Gutachten in Erwägung ziehen, um Ihre Argumentation zu unterstützen. Außerdem ist es ratsam, Ihre Versicherungsunterlagen genau zu überprüfen, um sich über Deckungsbedingungen und -limits im Klaren zu sein. Die Integration eines Prozesskostenfinanzierers kann zusätzliche finanzielle Unterstützung bieten und den Druck auf die Versicherung erhöhen.

Regelmäßige Meetings mit Ihrem Anwalt, um über den Fortschritt des Verfahrens informiert zu bleiben, sind ebenfalls von großer Bedeutung. Zuletzt kann psychologische Unterstützung helfen, die emotionalen und psychischen Belastungen, die mit dem Verfahren einhergehen, besser zu bewältigen. Indem Sie diese proaktiven Schritte unternehmen, steigern Sie Ihre Chancen, eine angemessene Entschädigung für Ihre erlittenen Schäden zu erhalten.

Stehen Sie für Ihr Recht ein!

In Zeiten der Verletzung und des Leidens ist es essenziell, den Mut nicht zu verlieren und für Ihr Recht einzufordern. Sie haben das Recht auf Gerechtigkeit und auf eine angemessene Entschädigung für das, was Ihnen widerfahren ist. Lassen Sie sich nicht von Taktiken der Versicherungen einschüchtern, die darauf abzielen, Ihre Ansprüche zu schmälern oder Sie in Ungewissheit zu halten.

Es ist wichtig, dass Sie eine klare Botschaft an die Versicherung senden: Ihre Vorgehensweise ist nicht in Ordnung und wird nicht akzeptiert. Seien Sie entschlossen in Ihrem Ringen um die Anerkennung Ihres Leidens, Ihrer Schmerzen und Ihrer Ansprüche. Ihre Stimme zählt, und Ihr Kampf ist bedeutend – nicht nur für Sie, sondern auch für viele andere, die möglicherweise in ähnlichen Situationen stecken.

Teilen Sie Ihre Erfahrungen! Indem Sie andere über die Taktiken der Versicherungen informieren, tragen Sie dazu bei, ein Bewusstsein zu schaffen und diese Praktiken in Zukunft zu unterbinden. Schaffen Sie Transparenz und ermutigen Sie andere, sich ebenfalls zu wehren. Ihre Geschichten können Mut und Hoffnung geben und dazu inspirieren, gegen Ungerechtigkeiten zusammenzustehen.

Bewerten Sie Ihre Erfahrungen mit der Versicherung. Geben Sie Feedback, teilen Sie Ihre Erlebnisse und lassen Sie die Welt wissen, was wirklich passiert. Es ist Ihr Recht, gehört zu werden.

Sie sind nicht allein auf diesem Weg. Gemeinsam können wir dafür sorgen, dass Gerechtigkeit nicht nur ein Wort bleibt, sondern Wirklichkeit wird. Seien Sie Standhaftigkeit, informiert, und durch Ihre Entschlossenheit werden Veränderungen angestoßen. Ihre Ansprüche sind berechtigt – und der Kampf, um sie einzufordern, ist ein Schritt in die richtige Richtung.

Musterschreiben

In den folgenden Seiten möchte ich Ihnen einige Musterschreiben zur Verfügung stellen, die Ihnen dabei helfen können, effektiv gegen die Versicherung vorzugehen.

Wichtig dabei ist, dass Sie darauf achten, möglichst wenig an Details zu offenbaren, die gegen Sie verwendet werden könnten. Versicherungen haben häufig Strategien, um in laufenden Verfahren Informationen zu sammeln und diese auszuwerten, die Ihren Anspruch schwächen oder gar ablehnen könnten.

Eine kürzere, klarere Kommunikation minimiert das Risiko, dass unbedacht etwaige negative Aspekte angedeutet werden. Formulieren Sie Ihre Schreiben so, dass sie auf die Kernpunkte eingehen und direkt auf Ihr Anliegen verweisen, ohne Ausflüge in detaillierte Schilderungen oder persönliche Aspekte zu machen. Dies hilft nicht nur, Missverständnisse zu vermeiden, sondern zeigt der Versicherung auch, dass Sie gut informiert und strategisch vorgehen.

Darüber hinaus ist es ratsam, jedes Gespräch oder Schriftstück sorgfältig zu dokumentieren. Bewahren Sie Kopien aller Korrespondenzen auf und notieren Sie relevante Details aus telefonischen Gesprächen.

Diese Protokolle können Ihnen dabei helfen, im Falle von Unstimmigkeiten oder weiteren Auseinandersetzungen schnell auf alle Informationen zurückzugreifen.

[Ihr Name] [Ihre Adresse] [PLZ, Stadt]

[Datum]

[Versicherungsgesellschaft]
[Adresse der Versicherung] [PLZ, Stadt]

Betreff: Schadenmeldung – Verkehrsunfall am [DATUM]

Sehr geehrte Damen und Herren,

hiermit möchte ich Ihnen mitteilen, dass ich am [DATUM] um [UHRZEIT] im Folge eines Verkehrsunfalls verletzt wurde, der durch Ihren Versicherungsnehmer mit dem Kennzeichen [KENNZEICHEN] verursacht wurde.

Ich bitte Sie, eine Schadennummer für diesen Vorfall anzulegen und mir diese umgehend bekanntzugeben. Eine detaillierte Schilderung des Unfallhergangs werde ich Ihnen zu einem späteren Zeitpunkt zukommen lassen.

Vielen Dank für Ihre Unterstützung.

Mit freundlichen Grüßen,

[Ihr Name]
[Unterschrift, wenn erforderlich]

[Ihr Name] [Ihre Adresse] [PLZ, Stadt]

[Datum]

[Versicherungsgesellschaft]
[Adresse der Versicherung] [PLZ, Stadt]

Betreff: Widerspruch gegen die Ablehnung des Schadensanspruchs

Sehr geehrte Damen und Herren,

hiermit möchte ich formell Widerspruch gegen die Ablehnung meines Schadensanspruchs vom [Datum der Ablehnung] einlegen.

Ich bin jedoch der Auffassung, dass diese Ablehnung unbegründet ist und möchte deshalb auf die einschlägigen Bestimmungen des Eisenbahn- und Kraftfahrzeughaftpflichtgesetzes (EKHG) hinweisen.

Gemäß den Vorschriften des EKHG sind Betreiber von Verkehrsmitteln verpflichtet, für Schäden aufzukommen, die während des Betriebs entstehen,.

Ich bitte Sie daher, die Entscheidung zu überprüfen und auf die gesetzlichen Verpflichtungen zu achten, die aus dem EKHG resultieren.

Bitte bestätigen Sie den Eingang dieses Schreibens und teilen Sie mir mit, wie der weitere Verlauf in diesem Fall sein wird.

Mit freundlichen Grüßen,

[Ihr Name]
[Unterschrift]

[Ihr Name] [Ihre Adresse] [PLZ, Stadt]

[Datum]

[Versicherungsgesellschaft]
[Adresse der Versicherung] [PLZ, Stadt]

Betreff: Fristsetzung zur Schadenregulierung – Haftung gemäß EKHG

Sehr geehrte Damen und Herren,

aus den vorhandenen Unterlagen ergibt sich ganz klar Ihre Haftung gemäß dem Eisenbahn- und Kraftfahrzeughaftpflichtgesetz (EKHG). Ein Abwarten der Ergebnisse der Staatsanwaltschaft ist für die Schadensregulierung weder notwendig noch zielführend.

Ich erlaube mir daher, Ihnen eine Nachfrist von 7 Tagen zu setzen, um die notwendigen Schritte zur Regulierung meines Schadens einzuleiten. Sollten Sie innerhalb dieser Frist keine entsprechende Reaktion zeigen, sehe ich mich gezwungen, gerichtliche Hilfe in Anspruch zu nehmen.

Ich danke Ihnen für Ihre Aufmerksamkeit und erwarte eine zeitnahe Rückmeldung.

Mit freundlichen Grüßen,

[Ihr Name]
[Unterschrift, wenn erforderlich]

Fragen und Antworten

Was sollte ich tun, nachdem ich einen Unfall hatte?

Dokumentieren Sie den Vorfall sorgfältig, sammeln Sie alle relevanten Informationen (z. B. Fotos, Zeugenaussagen, medizinische Berichte) und informieren Sie umgehend Ihre Versicherung sowie die der anderen Beteiligten.

Was tun, wenn ein Gutachten von der Versicherung abgelehnt wird?

Lassen Sie ein unabhängiges Gutachten von einem Fachmann erstellen und ziehen Sie in Erwägung, eine rechtliche Überprüfung Ihrer Ansprüche durchzuführen, um das Gutachten in Frage zu stellen.

Wie gehe ich vor, wenn die Versicherung mir ein unzureichendes Vergleichsangebot macht?**

Kommunizieren Sie klar, warum das Angebot nicht akzeptabel ist, und untermauern Sie Ihre Argumente mit sachlichen Beweisen. Ziehen Sie in Erwägung, rechtlichen Beistand hinzuzuziehen, wenn die Verhandlungen ins Stocken geraten.

Was sollte ich tun, wenn ich das Gefühl habe, die Versicherung agiert unrechtmäßig?

Notieren Sie alle relevanten Informationen und Schritte, die die Versicherung unternommen hat. Konsultieren Sie einen Anwalt oder eine Verbraucherzentrale, um Ihre Bedenken zu prüfen und gegebenenfalls rechtliche Schritte einzuleiten.

Brauche ich einen Anwalt, um meine Ansprüche durchzusetzen?

Es ist ratsam, sich von einem erfahrenen Anwalt im Versicherungsrecht beraten zu lassen, insbesondere wenn Sie sich unsicher fühlen oder wenn der Fall kompliziert ist. Ein Anwalt kann Ihnen helfen, Ihre Rechte zu schützen und Ihre Ansprüche effizient durchzusetzen.

Was ist ein Prozesskostenfinanzierer und wie kann er mir helfen?

Ein Prozesskostenfinanzierer übernimmt die Kosten für Ihren Gerichtsprozess, was es Ihnen ermöglicht, Ihre Ansprüche ohne finanzielle Vorabinvestitionen durchzusetzen. Dies kann besonders hilfreich sein, wenn Ihnen die Mittel zur Finanzierung des Verfahrens fehlen.

Welche Unterlagen benötige ich für meinen Anspruch?

Typischerweise benötigen Sie medizinische Berichte, Gutachten, Rechnungen, Nachweise über Einnahmeausfälle sowie Belege, die den Schaden und die damit verbundenen Kosten belegen.

Wie kann ich sicherstellen, dass die Versicherung nicht versucht, meine Ansprüche zu mindern?

Seien Sie gut vorbereitet, dokumentieren Sie alle Gespräche und schneiden Sie alle relevanten Informationen akkurat zusammen. Ziehen Sie in Betracht, rechtlichen Beistand zu suchen, um sicherzustellen, dass alle Aspekte berücksichtigt werden.

Schlusswort

In der vorliegenden Auseinandersetzung mit den Herausforderungen, die sich im Kontext von Versicherungsansprüchen und Schadensregulierungen ergeben, haben wir die vielschichtigen Taktiken und Strategien der Versicherungen beleuchtet. Es zeigt sich, dass Geschädigte in einem oft undurchsichtigen Spiel stehen, in dem es darum geht, faire Entschädigungen für erlittene Schäden und Verluste zu erlangen.

Der Schlüssel zum Erfolg liegt nicht nur in einer fundierten Kenntnis der rechtlichen Rahmenbedingungen, sondern auch in einer proaktiven und informierten Herangehensweise. Durch das rechtzeitige Einholen unabhängiger Gutachten, die enge Zusammenarbeit mit erfahrenen Rechtsbeiständen und das konsequente Dokumentieren aller relevanten Informationen können Geschädigte ihre Position stärken und den Druck auf die Versicherung aufrechterhalten.

Letztlich erfordert der Kampf um Gerechtigkeit Entschlossenheit, Geduld und ein starkes Bewusstsein für die eigenen Rechte. Dennoch ist es wichtig, sich nicht entmutigen zu lassen. Der Weg zur fairen Entschädigung ist oft steinig, aber er ist auch ein Weg, der mit Informationsgewinn, persönlichem Wachstum und der Stärkung der eigenen Ansprüche verbunden ist.

Wir hoffen, dass dieses Buch Ihnen wertvolle Einblicke und Werkzeuge an die Hand gegeben hat, um Ihre individuellen Herausforderungen besser zu meistern und erfolgreich in Ihrer Auseinandersetzung mit Versicherungen zu navigieren. Bleiben Sie standhaft, informiert und klar in Ihrem Ziel, Ihre Ansprüche durchzusetzen. Die Gerechtigkeit mag manchmal länger auf sich warten lassen, sie ist jedoch ein erstrebenswertes Ziel, für das es sich zu kämpfen lohnt.

Unterstützung in Ihrer Schadensregulierung

Wenn Sie selbst oder jemand, den Sie kennen, sich in einer ähnlichen Lage befindet oder gerade am Anfang eines Prozesses zur Schadensregulierung stehen, zögern Sie nicht, mich zu kontaktieren. Der Weg zu einer fairen Entschädigung kann herausfordernd sein, und Sie müssen dabei nicht allein sein.

Ich biete Ihnen umfassende Unterstützung und stehe Ihnen mit einem vollen Spektrum an Experten zur Seite – von erfahrenen Medizinern über engagierte Anwälte bis hin zu qualifizierten Gutachtern, Schadenfinanzierern und Sachverständigen. Gemeinsam können wir alle notwendigen Schritte einleiten, um Ihre Ansprüche erfolgreich durchzusetzen.

Egal, ob Sie Fragen zu Ihrer Situation haben, Strategien entwickeln möchten oder Unterstützung im Umgang mit der Versicherung benötigen – ich bin hier, um Ihnen zu helfen. Ihre Rechte und Ansprüche sind wichtig, und es ist entscheidend, diese gebührend einzufordern.

Lassen Sie uns gemeinsam an Ihrer Seite stehen und den Weg zur Gerechtigkeit ebnen. Kontaktieren Sie mich noch heute, um den nächsten Schritt in Ihrem Prozess zu besprechen!

Meine Internetpräsenz

Um stets auf dem neuesten Stand zu bleiben, lieber Leser, können Sie jederzeit die Websites stelzhammer.info oder https://www.instagram.com/ stefan.stelzhammer besuchen und meine aktuellen Buchveröffentlichungen verfolgen.

In meinen Publikationen möchte ich Ihnen helfen, Ihre Konflikte eigenständig zu lösen und Ihnen dabei das erforderliche Wissen vermitteln. Zusätzlich stehe ich gerne für persönliche Termine zur Verfügung, um den Konflikt gemeinsam mit Ihnen zu besprechen.

Sofern Sie zu dem hier vorliegenden Werk Fragen, Anregungen, Lob oder Kritik haben, freuen wir uns über eine Kontaktaufnahme unter www.stelzhammer.info oder per E-Mail an mediation@stelzhammer.info.

Mit freundlichen Grüßen,
Stefan Stelzhammer

Weiterführende Informationen

Als weiterführende Lektüre empfehle ich folgende Werke von mir zu lesen:

Die einvernehmliche Scheidung: eine gemeinsame Entscheidung
// ISBN-13 : 979-8590869091

Mein aktuelles Buch beschäftigt sich mit allen Blickwinkeln rund um die einvernehmliche Scheidung. Dabei gehe ich sehr genau auf den Scheidungsantrag, die Scheidungsvereinbarung und die Scheidungsverhandlung, die gesetzlichen Regelungen, sowie die Voraussetzungen für das erfolgreiche Zustandekommen einer einvernehmlichen Scheidung ein. Als Ratgeber konzipiert, soll Ihnen dieses Buch das nötige Rüstzeug für Ihre eigene Scheidung geben und Sie auf Ihrem Weg zu einem neuen Leben begleiten.

Wirtschaftsmediation: Konflikte im Unternehmen
// ISBN-13 : 979-8689950808

Anhand einer detailgetreuen Reflexion meiner Praxiserfahrung befasse ich mich mit den Alltagsproblemen und Herausforderungen von Unternehmen und zeige Ihnen in weiterer Folge erfolgreiche Wege aus einer Konfliktsituation.

Alle meine Bücher finden Sie auch auf
www.amazon.de
oder unter
https://stelzhammer.info/publikationen

STEFAN STELZHAMMER

„Im Gerichtssaal, wo Wahrheit und Gerechtigkeit vorherrschen sollten, lauern häufig die dunklen Schatten der Täuschung – eine perfide Mahnung, dass selbst unter dem Schutz des Rechts die Mächtigen nicht ohne Konsequenzen manipulieren können."